**Gebrauchsanweisung
für Deutschland**

Wolfgang Koydl

Gebrauchsanweisung
für Deutschland

Piper München Zürich

Mehr über unsere Autoren und Bücher:
www.piper.de

ISBN 978-3-492-27595-8
Überarbeitete und erweiterte Neuausgabe 2010
© Piper Verlag GmbH, München 1996, 2006 und 2010
Redaktion: Verena C. Harksen
Satz: le-tex publishing services GmbH, Leipzig
Druck und Bindung: CPI – Clausen & Bosse, Leck
Printed in Germany

Inhalt

Prolog: Eine Beichte — 7
Immer im Weg – Deutschland,
  ein Stolperstein — 17
Quadratisch, praktisch, abwaschbar:
  Die Tupper-Republik — 21
Grammatik muss nicht: Die Sprache
  Goethes, Kohls und Trapattonis — 38
Deutsch wie Döner: Kulinarische
  Abstürze und Höhenflüge — 56
Streng regulierte Schnäppchenjagd:
  die Shopping-Champions — 80
Schnell, schick und stur – Mit Vollgas
  auf der Überholspur — 102
Lustvoll stöhnend im Korsett der
  Pflicht: Ordnung muss sein — 126
Rechtsschutz, Rechtsanwälte und
  Rechthaber: Wo bleibt die
  Gerechtigkeit? — 151

Wie deutsch sind Bayern oder
    Thüringer? Fluch und Segen
    des Regionalismus   **165**
Erbarmungslos gemütlich:
    Deutschland ganz privat   **188**
Von Lach- und Schließmuskeln:
    Der deutsche Humor   **212**
Epilog: Alle Spiegel lügen   **227**

Prolog:
Eine Beichte

Was ist schon exotisch an Deutschland? Ja, die Fezzan-Ebene in Libyen vielleicht, oder die Vulkane von Kamtschatka, die sind exotisch. Sogar entlegeneren Teilen der Schweiz oder Österreichs wird ein mysteriöser Zauber zugeschrieben. Dem Waldviertel etwa oder auch dem Kanton Zug. Das eine ist undurchdringlich wie ein jungfräulicher Regenwald für Hochdeutschsprecher, der andere für Steuerfahnder. Und für Hochdeutsche natürlich ebenso.

Aber die eigene Heimat? Sie ist so fremd wie das eigene Gesicht im Spiegel – jedenfalls an normalen Tagen, denen keine durchzechte Nacht voranging. Jedes Haar kennt man, jede Pore und – vor allem – jede Falte. Ob fröhlich, traurig, verschlafen oder verkatert – letzten Endes guckt einem immer derselbe alte Typ aus dem Spiegel entgegen.

Genauso verhält es sich mit Deutschland. Wer hier geboren und aufgewachsen ist, dem kann man nichts mehr vormachen, den kann man nicht mehr überraschen. Rheinischer Karneval? Entweder ist man so begeistert davon, dass alle Sinne und das Denken ohnehin vorübergehend heruntergefahren werden wie ein Laptop im Hibernation-Modus. Oder man ist von dem merkwürdigen närrischen Treiben derart angewidert, dass sich alle Sinne und das Denken sowieso attackiert fühlen wie von einem trojanischen Pferd, einem Wurm oder einem anderen Computervirus.

Ähnliche Reaktionen lösen (nicht unbedingt in dieser Reihenfolge und ohne Anspruch auf Vollständigkeit) aus: das Oktoberfest, Berlin und die Berliner, der Muttertag, Oberlehrer in der Schule und im Alltag, Christkindlmärkte, Blasmusik, »Wetten dass« und andere flockig-lockere Fernsehunterhaltung, und nicht zuletzt Glasvitrinen und Kaffeebars in Fußgängerzonen.

In all diesen Fällen hat man als Deutscher eine klare Meinung, oder besser gesagt eine dezidierte Vorliebe oder Abneigung. Eines aber wird sich nicht einstellen: Ein Aha-Erlebnis, eine Überraschung, eine Erkenntnis, etwas Neues kennengelernt zu haben wie dies der Fall wäre, wenn man zum ersten Mal von Rodeo-Ritualen in Arizona, der Teezeremonie in Japan, oder Initiationsriten in Papua-Neuguinea erfährt.

Amerikaner, Japaner oder Papuaner freilich dürften Deutschland, die Deutschen und alles Deutsche wahrscheinlich höchst interessant, neu, amüsant und mitunter wohl auch reichlich befremdlich finden. Aber wie wäre es, wenn man sein eigenes Land auch einmal mit fremden Augen sehen könnte, gleichsam in einer Art von *out of body experience*. So beschreibt man im Englischen jenen Zustand eines Menschen, der nach einem

Herzinfarkt oder einem Unfall gleichsam halb gestorben aus seiner sterblichen, wenn auch noch nicht ganz gestorbenen Hülle geschlüpft ist und bis zu einer Wiederbelebung von einer Warte gleich unter den Halogenlampen in der Klinikdecke aus einen guten Blick auf den eigenen Korpus unten auf dem Operationstisch erhaschen konnte.

Ein frischer Blick auf die eigene Heimat wäre freilich aller Wahrscheinlichkeit nach nicht so erbaulich wie die Möglichkeit, klammheimlich hinter einem Grabstein versteckt seiner eigenen Beerdigung beiwohnen zu können. Denn bei dieser Gelegenheit würde man wohl kaum ein ehrliches Urteil über sich hören. Nirgends wird mit mehr Überzeugung gelogen als bei Beerdigungen. Und bei Hochzeiten natürlich. Nein, ein Blick durch fremde Augen müsste unweigerlich unangenehme Wahrheiten einschließen.

Mein Gefühl, als ich nach mehr als fünfzehn Auslandsjahren zum ersten Mal wieder für mehr als einen kurzen Urlaub nach Deutschland zurückkehrte, war jedenfalls mit *out of body experience* nur sehr unzureichend umschrieben. Mir schien es, als ob ich nicht einen Airbus der Lufthansa nach Frankfurt bestiegen hätte, sondern irgendein intergalaktisches Geschoss mit dem Kranich der deutschen Airline, das mich auf einem fernen Stern deponiert hatte.

War das wirklich mein Land? Waren die Deutschen schon immer so steif, so mürrisch, so humorlos gewesen? Und zugleich so rührselig (zur rechten Zeit, versteht sich, an Weihnachten zum Beispiel), so effizient, so hilfsbereit? Schlimmer noch: War etwa auch ich so wie sie? In all den Jahren im Ausland hatte ich es mir angewöhnt, ein wenig spöttisch auf die vermeintlich tumben Deutschen herabzublicken, und die meisten meiner ebenfalls vorübergehend ausgelagerten Landsleute sahen das genauso.

Doch mit dem Hochmut war es nach der Heimkehr vorbei. Was war geschehen? Hatten sich die Leute daheim verändert, oder war ich ein anderer geworden? Und weshalb sahen sie mich so scheel an, wenn ich arglos fragte, in welcher Tonne ich den Joghurtbecher entsorgen müsse, wie ich einen neuen Personalausweis beantragen könne, und weshalb ich nach zwei Uhr mittags keine warme Mahlzeit mehr im Wirtshaus bekäme. Man schien mich zu verdächtigen, dass ich mich über die Deutschen lustig mache – und damit über meinesgleichen. Denn ich gehörte ja dazu.

Zuvor hatte ich in England, in Österreich, in Ägypten und zuletzt in der Sowjetunion gelebt. In Moskau hatte ich meine Frau kennengelernt, die noch nie in ihrem Leben in Deutschland gewesen, ja, die nie zuvor in einem anderen Land als der UdSSR gewesen war. Einen frischeren Blick als ihren konnte man sich nicht wünschen. Wenn ich mich nur ein wenig wunderte, dann kam sie gar nicht mehr heraus aus dem Kopfschütteln. Es gab Tage, da erinnerte sie an einen jener Hunde mit Wackelkopf, den überraschend viele Menschen in Deutschland auf der Hutablage ihres Autos sitzen haben. Wieso, nebenbei bemerkt, heißt diese Fläche im Fond auf Deutsch überhaupt Hutablage, wo doch niemand einen Hut dort ablegt? Wer in Deutschland Hut trägt, der legt ihn auch hinterm Steuer nicht ab, und solche Fahrer sollte man unter allen Umständen weiträumig umfahren.

Doch weil das Erlebnis, gleichsam als Fremder im eigenen Land zu leben, nicht nur befremdend war, sondern auch stimulierend, entschloss ich mich, all diese Abenteuer aufzuschreiben und möglichst viele Landsleute an ihnen teilhaben zu lassen. Und weil es russische Augen waren, durch die sich dieses vertraut-verfremdete Land darbot, lag es nahe, den Berichterstatter in die Figur eines Russen schlüpfen zu lassen.

So wurde Maxim Gorski geboren, nachdem viele andere Pseudonyme verworfen worden waren. Aber Gorski war gut. Es klang echt genug nach einem authentischen (und berühmten) Namen, aber zugleich konnte man sich nach kurzer Überlegung denken, dass da etwas nicht mit rechten Dingen zuging. Umso erstaunter war ich, als ich später eine echte Familie Gorski kennenlernte. Sie waren meine Nachbarn in Amerika. Die Vorfahren waren irgendwann einmal von der Krim in die USA ausgewandert und hießen Piatigorski. Das war dem amerikanischen Einwanderungsbeamten zu kompliziert, und deshalb hackte er den ersten Namensteil ab. Als ich John Gorski von meinem Buch erzählte, hielt er mich zunächst für einen Verwandten, auf den er ungemein stolz sein konnte. Später schlug er in der Stadtbibliothek von Rockville, Maryland, den Namen nach und wurde an Maxim Gorki verwiesen. Von da an beäugte er mich mit unverhohlenem Misstrauen. Er halte mich für einen Erzkommunisten übelster Sorte, hörte ich von einem anderen Nachbarn. Schließlich hätte ich noch Lenin persönlich gekannt.

Aber noch ein anderer Grund sprach für ein russisches Pseudonym. Ich bin nicht der erste Deutsche, der festgestellt hat, dass uns kaum ein zweites Volk so viele

Sympathien entgegenbringt wie das russische. Das ist beschämend angesichts des Unheils, das wir über dieses Land gebracht haben, und gleichzeitig so anrührend, dass nur zwei Völker imstande sind, sich darüber tränenüberströmt in die Arme zu sinken: Russen und Deutsche eben, die letzten unverbesserlichen Romantiker dieser Welt, auch wenn uns andere Völker das nicht immer gleich abnehmen. Sie wollen überzeugt werden, was uns leider nicht immer reibungslos gelingt.

Beispiele für diese Seelenverwandtschaft finden sich überall. Ich hatte das Glück, in Moskau zu sein, als in Berlin die Mauer fiel. Die erste Überraschung war, dass das sowjetische Fernsehen das Ereignis fast live zeigte – nur um fünfzehn, zwanzig Minuten zeitversetzt. Die weitaus größere Überraschung aber erlebte ich, als ich am nächsten Morgen Passanten auf der Straße nach ihrer Reaktion auf die Bilder aus Berlin befragte. Zu diesem Zeitpunkt war schon klar, dass weder Franzosen noch Briten über den Verlauf der Dinge jenseits des Rheins besonders entzückt waren, und dass lediglich die lästige Mitgliedschaft der Deutschen im selben Verteidigungsbündnis sie daran hinderte, den aufmüpfigen Hunnen mit härteren Maßnahmen zu drohen. Um wie viel mehr müssten die Russen, die ja von der deutschen Wehrmacht angegriffen und besetzt worden waren, in Panik geraten angesichts eines wiedervereinigten, wieder erstarkten, wieder triumphierenden Deutschland? So dachte ich es mir wenigstens, als ich mit Block und Bleistift loszog.

»Ach Söhnchen, ich freue mich für euch, ich habe geweint, als ich das gestern im Fernsehen sah«, sagte mir die Babuschka am Kiewer Bahnhof. »Das war ja kein natürlicher Zustand, diese Trennung, nicht wahr«, nickte der Kriegsveteran zustimmend, den man an den Ordensspangen am abgewetzten Wintermantel erkannte. »Ein Volk gehört zusammen«, fügte er hinzu und nahm damit schon fast Willy Brandt mit seinem historischen Ausspruch vorweg, wonach zusammenwachse, was zusammengehöre. So sehr ich mich auch bemühte, ich fand bei meiner – zugegeben gänzlich unwissenschaftlichen – Untersuchung keinen einzigen Menschen, der auch nur ansatzweise Vorbehalte gezeigt hätte gegen die Ereignisse in Deutschland.

Aber auch schon früher war ich immer wieder über dieses besondere Verhältnis zwischen Russen und Deutschen gestolpert, das bei misstrauischen westlichen Freunden Deutschlands unter dem stenografischen Begriff »Rapallo« läuft. Dahinter verbirgt sich keine Schweizer Kräuterbrause, sondern ein Ort in Italien, an dem Deutsche und Russen, die Verlierer des Ersten Weltkrieges, sich 1922 über alle politisch-ideologischen Gegensätze hinweg auf eine enge Zusammenarbeit verständigten.

Wenn sich ein Bundeskanzler Adoptionskinder in Russland besorgt, und wenn sich seine Nachfolgerin auf Russisch mit ihrem Amtskollegen im Kreml unterhalten kann, dann lebt darin dieser Geist von Rapallo fort. Ich selbst fand ihn einmal auf dem Flughafen von Baku, der Hauptstadt der zu diesem Zeitpunkt schon unabhängigen Republik Aserbaidschan. Ich war auf dem Rückflug nach Istanbul, hatte meine Tasche zwecks Zollkontrolle in die Röntgenröhre geschoben und war mit Pass, Ticket und Zolldeklaration vor eine wasserstoffsuperoxidblonde ältere Dame in grüner Uniform getreten.

»Ah, Sie sind Deutscher«, stellte die Grenzbeamtin nach einem Blick auf meinen Pass erfreut fest. Sie war Russin, wie sich schnell herausstellte, verheiratet mit einem Aserbaidschaner, und nach der Unabhängigkeit (des Landes, nicht ihrer persönlichen) in Baku hängen geblieben.

»Wissen Sie«, fuhr sie fort, »mein Vater war im Krieg in Deutschland, und er war dort auch als Kriegsgefangener im Lager.«

Mir sank das Herz in die Hose. Der arme Mann. Etwas Schlimmeres hätte ihm kaum passieren können, als in einem deutschen Lager zu landen, noch dazu als Russe. Ich erwartete, dass mein Gegenüber gleich zu einer moralischen Standpauke ansetzen würde. Aber zu meiner grenzenlosen Überraschung lächelte sie weiter.

»Was Sie nicht sagen«, brachte ich schließlich hervor. »Mein Vater war im Krieg in Russland, und bis 1949 war er in einem sowjetischen Lager interniert. In Karelien, glaube ich.«

»Ihr armer, armer Herr Papa«, seufzte sie. »Das muss ja schrecklich für ihn gewesen sein.«

Nein, konnte ich ihr ehrlich versichern, soweit ich das rekonstruieren konnte, hat er sich nie über seine Erlebnisse in Gefangenschaft beklagt. Ich kann mich erinnern, dass er mich als Kind zu Treffen ehemaliger Kriegsgefangener mitnahm. Da saßen dickbäuchige Wirtschaftswundermänner beisammen, tranken viel Wodka, pafften grässlich stinkende Machorka-Zigaretten, und erzählten einander schenkelklopfend Schwänke aus dem Lagerleben. Falls sie schlechte Erinnerungen gehabt haben sollten, so waren sie vergessen oder verdrängt.

Was meinen Vater betraf, so waren Russen außerdem

das einzige Volk der Erde, auf das er kein schlechtes Wort kommen ließ. Alle anderen Nationen belegte er routinemäßig mit Schimpfwörtern. Hätte man ein Lexikon der gängigen und der ausgefalleneren deutschen Klischees über andere Völker schreiben wollen, so hätte man sich nur ein paar Stunden lang mit meinem Vater unterhalten müssen.

Das alles erzählte ich der russischen Grenzfrau in aserbaidschanischer Uniform. Wir versicherten uns, dass es am besten sei, die Vergangenheit ruhen zu lassen, dass es nie wieder Krieg geben dürfe, und schieden als dicke Freunde. Doch als ich zum Röntgengerät hinüberging, um meine Tasche wieder in Empfang zu nehmen, stoppte mich der aserbaidschanische Beamte. Was denn in den beiden Gläsern sei, die sich auf dem Bild deutlich abgezeichnet hätten, wollte er wissen. Kaviar, antwortete ich arglos. Dumme Frage, dachte ich mir. Wo sonst kann man ein Kilo schwarzen Kaviars auf dem Basar für sechzig Dollar kaufen? Und ich wäre ja dumm gewesen, von einem solchen Angebot nicht Gebrauch zu machen.

Ob ich denn nicht wisse, fragte er, dass man nur 16, in Worten: sechzehn, Gramm der wertvollen Leckerei ausführen dürfe? Den Rest müsse er mithin, Vorschrift sei Vorschrift, beschlagnahmen. Leider, log er, und leckte sich die Lippen.

Derweil ich fieberhaft nach einem Ausweg suchte, der es mir erlaubt hätte, wenigstens eines meiner beiden 500-Gramm-Gläser auszuführen, war schon meine neue Freundin herübergeeilt.

»Was machen Sie denn da«, zischte sie ihren Kollegen an, der offensichtlich ihr Untergebener war. »Wissen Sie nicht, dass der Vater dieses Herren im Krieg in Russland gekämpft hat? Dass er in einem sowjetischen Lager gesessen hat? Und Sie machen ihm Probleme?«

An mich gewandt fügte sie hinzu: »Das nächste Mal wissen Sie Bescheid, da kaufen Sie einfach weniger. Jetzt packen Sie Ihre Gläser und machen zu, damit Sie Ihren Flug nicht verpassen.«

Mit anderen Worten: Weil sich mein Vater vor sechzig Jahren eine Wehrmachtsuniform angezogen und versucht hatte, ihren Vater umzubringen, gestattete sie es mir jetzt, die Gesetze der Republik Aserbaidschan zu brechen. Das ist der Geist von Rapallo.

Das ist auch der Grund, weshalb sich dieses Buch vorgeblich an russische Deutschland-Touristen wendet. Denn sie sind uns nicht nur gewogen, sie interessieren sich auch ehrlich für ihre westlichen Nachbarn. Und von niemandem kann man mehr über sich selbst erfahren, als von einem guten Freund, der es ehrlich mit einem meint. Sie als Deutscher haben also die Möglichkeit, diesem russischen Leser gleichsam beim Lesen über die Schulter sehen.

Inzwischen ist es nicht mehr nötig, die Fiktion des Herrn Maxim Gorski aufrechtzuerhalten. Er hat seine Schuldigkeit getan und verdient den Ruhestand, wo immer er ihn verbringen will. Viel hat er in letzter Zeit sowieso nicht mehr geschrieben.

Seinen Blickwinkel allerdings habe ich weitgehend beibehalten. Er hat so etwas erfrischend Subjektives und Nichtdeutsches.

Immer im Weg –
Deutschland, ein Stolperstein

Über Deutschland muss man förmlich stolpern. Allein schon geografisch kommt man – zumindest als Europäer – schlechterdings an ihm nicht vorbei, liegt es doch dick und rund mitten auf dem Kontinent. Wer auf dem Landweg von Moskau nach Paris, von Rom nach Stockholm oder von Amsterdam nach Budapest reisen will, der kommt um Deutschland und die Deutschen buchstäblich nicht herum. Deutschland liegt immer auf dem Weg. Und manchmal, das soll nicht verheimlicht werden, ist es auch ganz einfach im Weg.

Kein zweites Land in Europa grenzt an so viele Nachbarstaaten – größere und kleinere, ärmere und reichere, romanische, germanische und slawische. Sie alle werden – ob sie es nun wollen oder nicht – mehr oder weniger stark von Deutschland beeinflusst: wirtschaftlich sowieso, politisch wieder nachhaltiger als früher, aber auch kulturell (obschon das traditionell meist eine Straße in zwei Richtungen war).

Außerdem ist es ja nicht so, dass sich die Deutschen verschämt daheim verstecken würden. Ich denke dabei weniger an jene beiden Gelegenheiten im vergangenen Jahrhundert, als sie ungefragt bei ihren europäischen Nachbarn eindrangen und dort einen unauslöschlichen Eindruck hinterließen. Sondern vielmehr an die friedlichen deutschen Invasionen der Nachkriegszeit, nämlich an ihre Reiselust (irgendwie scheint bei diesen Germanen noch ein Gen aus den Zeiten der Völkerwanderung aktiv zu sein). Ob zum Tanken nach Luxemburg, zum Schlemmen ins Elsass, zum Shopping nach Polen oder zum Urlaub überallhin – die Deutschen sind immer unterwegs. Das geht so weit, dass bestimmte deutsche Regionen deshalb als bevorzugte Wohnorte gelten, weil man von dort schnell ins Ausland kommt.

Unter diesen Umständen ist es umso erstaunlicher, wie wenig die Deutschen bei ihren näheren und ferneren Nachbarn wirklich bekannt sind. Man nennt sie *krauts* und *moffen*, *boches* und *Piefkes* oder seinerzeit in Russland *frizi*. Die Polen machten aus ihrem, vermeintlich so harmlosen Spottbegriff für Deutsche – *szwab*, der Schwabe, – ein deutlich weniger freundliches Verb, das so viel bedeutet wie betrügen. Ganz zu schweigen davon, dass ein anderes Schimpfwort der Polen, *prusaki*, die Preußen, noch immer das Synonym für Kakerlaken ist.

Das alles war und ist nicht gerade liebevoll gemeint, sondern spiegelt – leider oft gerechtfertigte – Vorurteile wider. Zugegeben, Deutschland und die Deutschen gehören nicht zu jenen Ländern und Völkern, die auf den ersten Blick sympathisch sind. Dafür sind sie zu kompliziert, zu widersprüchlich und auch zu spröde. Obwohl: Geliebt werden wollen sie schon, vielleicht sogar mehr als andere. Aber ist Liebe auf den zweiten, dritten oder gar vierten Blick nicht meist dauerhafter?

Leute mit dünnen Beinchen und dünnen Seelchen – so pflegte man die Deutschen in Russland einst halb mitleidig, halb spöttisch zu charakterisieren. Als Menschen, die unerhört kleinkariert und engstirnig sind, also quasi – um einen technischen Vergleich zu wagen – die deutsche Schmalspurbahn im Gegensatz zur extrabreiten russischen Spurweite. Ich kann Ihnen jedoch versichern, dass selbst sehr skeptische Russen in Deutschland auch Menschen mit recht stämmigen Beinen getroffen haben.

Eine *Gebrauchsanweisung* für eine derart vertrackte Apparatur wie Deutschland ist deshalb einerseits dringend notwendig, andererseits scheint sie ein Ding der Unmöglichkeit zu sein. Denn Deutschland und Deutsche sind nicht immer, nicht überall und nicht gegenüber jedermann immer gleich. Der italienische Gelehrte Luigi Barzini hat sie mit dem alten griechischen Meeresgott Proteus verglichen, der ständig Aussehen und Figur verwandelt und sich so erfolgreich jedem Zugriff entzieht. Seit den Tagen des Römischen Reiches, so schrieb Barzini, hätten die anderen Europäer das Problem herausfinden zu müssen, »wer die Deutschen sind, für wen sie sich selbst halten, was sie tun, und welchen Weg sie als Nächstes einschlagen werden – und ob sie das bewusst tun oder unbewusst«.

Denn die Deutschen neigen bei all ihrer Liebe zur Disziplin, Ordnung und Korrektheit auch zur Sprunghaftigkeit, zur Unberechenbarkeit. Hinter ihrem oft rüden Äußeren verbirgt sich eine butterweiche, abgrundtiefe und blutende, weil immer wieder missverstandene Seele – und mit wachsweichen Seelen sollten Russen sich eigentlich gut auskennen.

Winston Churchill wird der Satz zugesprochen, dass man nie wisse, woran man mit den *bloody Germans* sei: entweder gingen sie einem an die Kehle, oder sie lägen einem zu Füßen – einen gesellschaftlich und international mehr oder minder akzeptierten Mittelweg schienen sie nicht zu kennen. Es ist der typische Ausspruch eines Mannes, der keine *Gebrauchsanweisung für Deutschland* zur Hand hatte.

Eine narrensichere Bedienungsanleitung für die Deutschen kann auch ich Ihnen nicht bieten, eher Hinweise auf den pfleglichen Umgang mit ihnen. Überraschungen – positive wie negative – werden Ihnen auch nach der Lektüre dieses Büchleins nicht erspart bleiben. Aber ein bisschen besser als Churchill sollten Sie für diese unheimliche Begegnung schon gerüstet sein.

Quadratisch, praktisch, abwaschbar: Die Tupper-Republik

Sie haben sich also entschlossen, nach Deutschland zu reisen. Herzlichen Glückwunsch zu Ihrem Mut, zu Ihrem Abenteuergeist und zu Ihrer Geduld. All diese Eigenschaften werden Sie brauchen, und Sie können von Glück sagen, dass Erfahrung, Geschichte und vielleicht auch Gene Russen damit reichlicher als andere Völker ausgestattet haben.

Sobald Sie mit Ihren Reisevorbereitungen begonnen haben, werden Sie, wenn Sie Russe sind, nämlich feststellen, dass es offenkundig einfacher ist, ins Himmelreich zu gelangen als nach Berlin, München oder Hamburg. In ersterem Fall genügt ein gottgefälliges Leben, und dies ist augenscheinlich leichter nachzuweisen als die für eine Fahrt nach Deutschland erforderlichen Papiere und Dokumente. Man kann nur hoffen, dass die Tore zum Paradies wirklich vom heiligen Petrus und nicht von deutschen Konsularbeamten bewacht werden. In diesem Fall wäre es ziemlich leer im Himmel.

Für Deutschland brauchen Sie zunächst einmal ein Visum – daran haben weder der Fall des Eisernen Vorhangs noch der Vormarsch von Europäischer Union und Nato in den Osten Europas etwas geändert. Da dieses Visum von deutschen Konsulaten ausgestellt wird, empfiehlt es sich, die Reise nur dann ernsthaft ins Auge zu fassen, wenn Sie in einer Stadt leben, in der es eine solche Einrichtung gibt – also Moskau, St. Petersburg und neuerdings auch Nowosibirsk, Jekaterinburg und Kaliningrad, das ja sowieso einmal unter dem Namen Königsberg deutsch war.

Vor das Visum haben die Behörden den *wysow* gesetzt, die Anforderung. Weil das ein bisschen grob klingt, sprechen die Deutschen lieber von einer Einladung. Aber auch die hat es in sich: Sie ist mit so vielen Bedingungen, Formularen, Stempeln und anderen Voraussetzungen gespickt, dass Sie sich bald wirklich vorkommen werden wie ein zollpflichtiges Stück Exportgut, das verschnürt, verpackt, versiegelt und expediert wird.

Die Älteren werden noch die frommen Wünsche der Deutschen (aber auch der anderen Westeuropäer) im Ohr haben, die sowjetischen Machthaber sollten ihrem geknechteten Volk Reisefreiheit gewähren. Doch als dann die Innenministerien in Moskau und anderswo tatsächlich die Türen öffneten, da schloss der Westen flugs die seinen. Plötzlich erinnerte man sich daran, was der frühere chinesische Führer Deng Xiaoping dem damaligen französischen Staatspräsidenten François Mitterrand auf dessen Aufforderung hin erwiderte, den Chinesen Freizügigkeit zu gewähren: »Gerne«, sagte Deng mit feinem Lächeln. »Wie viele hätten Sie denn gern? Zehn Millionen? Zwanzig? Fünfzig?«

Auch die Aussicht auf einen Ansturm von Millionen Russen, Polen oder Ukrainern ließ die Westeuropäer erschauern, und daher machten sie die Schotten dicht. Öffnen lassen sie sich eigentlich nur mit einer Kreditkarte oder einem Bündel Bargeld, denn die reichen Länder im Westen sehen es noch immer lieber, wenn die Gäste bei ihnen Geld ausgeben und es dort nicht verdienen wollen. Es gibt Gerüchte, wonach vor allem am nördlichen Alpenkamm siedelnde Bergvölker (Österreicher, Schweizer, Bayern) am liebsten ein Sammelkonto bei einer international operierenden Bank einrichten würden, auf das Touristen ihre gesamte Urlaubskasse überweisen könnten, ohne sich der Mühsal einer Reise unterziehen zu müssen.

Noch nicht einmal für die Polen, die Rumänen oder die Bulgaren, die mittlerweile Volleuropäer mit einer Mitgliedschaft im noblen EU-Club sind, haben sich diese Tore geöffnet: Die Regierungen in Berlin und anderswo scheinen im polnischen Klempner oder im lettischen Bauarbeiter nur die vorläufig letzten Manifestationen einer urzeitlichen Gefahr aus dem Osten zu sehen – quasi in einer direkten Linie von Attilas Hunnenhorden bis zu den Stoßtrupps der Roten Armee.

Aber Sie wollen ja sicherlich keine verstopften Ausgüsse in Goslar oder Germering freilegen, sondern zum Vergnügen nach Deutschland reisen. Sie brauchen also eine Einladung, und streng genommen müssen Sie dafür einen Verwandten, einen Freund, eine Behörde, eine Institution oder eine Firma in der Bundesrepublik kennen, oder – was wichtiger ist – irgendjemand in Deutschland muss Sie kennen. Denn der Gastgeber (wenn wir bei der irreführend freundlichen Wortwahl bleiben wollen) muss für Sie gleichsam mit Leib und Seele bürgen.

Die Verpflichtungserklärung, die Ihr Freund von seiner heimischen Behörde abstempeln lassen muss, weist in der Tat gewisse Ähnlichkeiten mit jenen Schandverträgen auf, mit denen ein indischer Unberührbarer in die Schuldknechtschaft gezwungen wird: »Unwiderruflich«, nach »§84 Abs. 1 Ausländergesetz« und »ohne dass sich die Ausländerbehörde zu irgendeiner Gegenleistung verpflichtet oder eine solche auch nur in Aussicht stellt«, verpflichtet sich der Gastgeber für Sie, Iwan Iwanowitsch, zu sorgen und zu zahlen, in guten und in schlechten Zeiten, bei Gesundheit und bei Krankheit. Gott sei Dank gilt das nicht, bis dass der Tod Sie scheidet, sondern nur für die Dauer Ihres Aufenthaltes in Deutschland. Sterben sollten Sie sowieso lieber daheim, wenn Sie sich weiteren Papierkram ersparen wollen. Und weil der Konsularbeamte anders als der Standesbeamte Ihrem neuen Vormund nicht unbedingt aufs Wort glaubt, dass er Sie sich auch wirklich leisten kann, muss dieser einen Lohnzettel beilegen.

Mittlerweile freilich werden die Lasten einer Deutschlandreise ein wenig gleichmäßiger verteilt. Bevor Sie überhaupt ein Visum bekommen, müssen Sie unter anderem nachweisen, dass Sie eine Krankenversicherung abgeschlossen haben, damit Sie im Ernstfall nicht dem überlasteten deutschen Gesundheitssystem auf der Tasche liegen. Oder anders ausgedrückt: Niemand hat etwas dagegen, wenn Sie Ihr Herz in Deutschland verlieren. Falls Sie jedoch ein neues Herz in Form einer Organtransplantation als Souvenir mit nach Hause nehmen wollten, dann sollten Sie schon selbst dafür zahlen.

So wie übrigens auch für alles andere – von der Wurstsemmel über die Straßenbahnkarte bis zum Hotelzimmer. Wundern Sie sich nicht, wenn der Bundesgrenzschutzbeamte, der ein wenig muffig in seinem Glasverschlag am Berliner Flughafen Schönefeld lauert, Sie nach Ihren Finanzverhältnissen fragt. Ich weiß, solche indiskreten Fragen schicken sich nicht in Russland. Übrigens auch nicht in Deutschland. Aber der Mann in Uniform tut nur seine Pflicht: Er muss überprüfen, ob Sie sich Deutschland überhaupt leisten können. Am besten ist es, wenn Sie zu diesem Zweck mit einem Bündel Euro vor seinen Augen wedeln können. (Zur Not tun es auch Dollar, und seitdem russische Oligarchen Milliardensummen in Deutschland investieren, hat auch der Rubel seinen Ruch verloren.) Kreditkarten sind fragwürdig, weil man ihnen gemeinhin nicht ansieht, wie viel Geld sich hinter ihnen verbirgt. Sollten Sie jedoch selbst Oligarch sein, vergessen Sie alles soeben Gelesene: Ihnen gehört nicht nur die Kreditkarte, sondern auch die Bank, welche sie ausgestellt hat. Im Zweifel reisen Sie mit Ihrer Privatmaschine an, und das bedeutet, dass Sie auch Ihren eigenen privaten Grenzübergang ganz alleine für sich haben werden.

Dass Sie nicht zu wenig Geld haben sollten, versteht sich von selbst. Leider ist es aber so, dass Sie auch nicht zu viel Bares einstecken sollten – auch nicht als neurussischer Neureicher. Russische Bestimmungen schreiben vor, dass Sie höchstens 5000 Dollar ausführen dürfen. Jeder Cent mehr muss eigens beim Zoll deklariert werden – was abermals Formulare und Fragen bedeutet. Nach Deutschland wiederum dürfen Sie höchstens 10 000 Dollar bar importieren. Bei jedem Cent, der darüber liegt, müssen Sie nachweisen, woher Sie ihn haben. Denn Sie könnten ja ein Rauschgifthändler oder ein Waffenschmuggler sein, der sein schmutziges Geld zum Waschen nach Deutschland bringt. Diese Regel gilt auch dann für Sie, wenn Sie als Eigner eines englischen Fußballclubs einreisen, um sich einen Bundesliga-Stürmer zu kaufen. Den Deal müssen Sie schon bargeldlos abwickeln. Der silberfarbene Samsonite kann zu Hause in Chelsea bleiben.

Die Differenz zwischen russischen Ausfuhr- und deutschen Einfuhrregeln bedeutet freilich, dass es Ihnen unbenommen ist, sich irgendwo unterwegs zwischen dem Abflug in Scheremetjewo und der Ankunft in Schönefeld 5000 Dollar zu beschaffen. Vielleicht hilft Ihnen ja die Stewardess aus. Dieser Widerspruch erinnert an eine uralte Anekdote, in der sich der amerikanische Präsident John Kennedy und der russische Parteichef Nikita Chruschtschow darüber unterhalten, wie viel ein Durchschnittsbürger im jeweiligen Land verdient. »So an die 1500 Dollar«, sagt Kennedy. »Und zum Leben braucht er nicht mehr als 1000.« – »Und was macht er mit den 500 Dollar?«, fragt Chruschtschow neugierig. »Das geht uns nichts an«, erwidert Kennedy. »Die Vereinigten Staaten sind ein freies Land. Aber sagen Sie mal, wie ist das denn in der Sowjetunion?« – »Nicht viel anders«, antwortet Nikita Sergejewitsch. »Ein Werktätiger verdient ungefähr 500 Rubel im Monat. Zum Leben braucht er, ähnlich wie in den USA, auch nur 1000.« – »Aber da fehlt ihm doch was«, wirft Kennedy ein. »Woher nimmt er denn den Rest?« – »Das«, grinst Chruschtschow, »geht uns nichts an. Die Union der Sozialistischen Sowjetrepubliken ist ein freies Land.«

Aber noch einmal zurück zu den Einladungen: Der Fairness halber muss gesagt werden, dass sie (Sie werden es sich schon gedacht haben) seinerzeit den chronisch misstrauischen Hirnen unserer Sowjetbürokratie entsprangen. Denn der Verwaltungswahnsinn funktioniert auch in die andere Richtung: Auch Deutsche, die Moskau, Petersburg oder – von mir aus – Neftejugansk (vor allem Neftejugansk) – besuchen wollen, brauchten eine Einladung.

Das gilt noch heute, denn das Misstrauen gegenüber Ausländern ist nie eine Spezialität lediglich sowjetischer Bürokraten gewesen. Sie setzten nur eine unrühmliche Tradition russischer Zaren fort, und auch unter Wladimir Putin und Dmitri Medwedjew hat sich daran kaum etwas geändert.

Die hohen Hürden, die vor Besuchern aufgebaut werden, verfolgen stets dasselbe Ziel: möglichst viele Menschen vor einem Besuch abzuschrecken. Das hat allerdings damals genauso wenig gefruchtet wie heute. Inzwischen hat man zumindest auf der deutschen Seite die Dinge vereinfacht und beschleunigt: Wer bereit ist, einen kleinen Extraobolus zu entrichten, der kann sich telefonisch vom Konsulat einen festen Termin geben lassen und erspart sich damit die endlos langen Schlangen, an denen man noch immer die diplomatischen Vertretungen der Bundesrepublik und anderer westlicher Staaten erkennt. Und wenn es ganz rasch und unkompliziert gehen soll, dann buchen Sie den ganzen Trip einfach pauschal bei einem Reisebüro. Das kümmert sich um alles – einschließlich Visum, Versicherung und Ticket. Nur das Bargeld, das müssen Sie schon selbst aufbringen.

Welchen Weg Sie auch wählen, früher oder später sind Sie stolzer Besitzer eines deutschen Visums, das mit unlösbarem Spezialleim in den Pass gepappt wird. Nach dem erzkapitalistischen Motto *Buy one, get one free* gibt es auch beim Visum eine Draufgabe: Die Erlaubnis gilt fürs ganze sogenannte Schengen-Land. Hinter dem Namen dieses luxemburgischen Dorfes versteckt sich die Mehrzahl der EU-Staaten, die ihre Visa gegenseitig anerkennen. Sie können also von Deutschland aus beliebig über die Grenzen spazieren – nach Österreich und nach Frankreich, nach Portugal und nach Griechenland. Doch Vorsicht: Wenn Sie ein deutsches Visum im Pass haben, aber von Russland aus eigentlich nach Spanien wollen, dann müssen Sie trotzdem zuerst nach Deutschland – ob Sie wollen oder nicht.

Aber Sie wollen ja nach Deutschland, sonst würden Sie dieses Buch nicht lesen. Sie haben also Ihr Visum, und auch eine Flug- oder Bahnkarte haben Sie sich besorgt. Achten Sie bitte darauf, dass es sich um ein Rückflugticket handelt, denn das wird bei der Einreise zuweilen kontrolliert. Ein wesentliches Element deutscher Gastfreundschaft liegt darin, dass man gerne von Anfang an wissen will, wie lange der Gast bleiben möchte und ob er überhaupt die Absicht und die Möglichkeit hat, wieder heimzureisen. »Onkel und Tante, ja das sind Verwandte, die man am liebsten nur von hinten sieht«, schrieb der Komponist Eduard Künneke in seiner Operette »Der Vetter aus Dingsda« schon in den Zwanzigerjahren des 20. Jahrhunderts. Sie können davon ausgehen, dass dieses Sentiment auch für ausländische Gäste in den ersten Jahren des 21. Jahrhunderts gilt. Ich habe einmal in Seoul einen jungen Koreaner getroffen, der in Hamburg studierte und die Bundesrepublik hingebungsvoll per Anhalter bereiste. Mitgenommen würde er so gut wie immer, erzählte er mir. Aber die Fragen, die man ihm stellte, seien immer dieselben. Nummer eins: Woher kommen Sie? Nummer zwei: Wie lange wollen Sie denn bleiben? Erst dann gehe man zum Wetter über und manchmal sogar zu der Frage, ob es ihm gefalle in Deutschland. Die stelle man freilich sehr, sehr selten. Seine Vermutung: Der Fragesteller wäre weder über ein Ja noch über ein Nein wirklich erbaut. Im ersten Fall würde der Ausländer womöglich bleiben wollen, im zweiten erdreistete er sich, Kritik zu üben.

Sie sehen, ich habe Ihnen nicht zu viel versprochen, als ich Ihnen Mut, Abenteuergeist und Geduld wünschte. Ich kann Ihnen aber versichern, dass Sie nichts mehr davon brauchen werden, sobald Sie die Passkontrolle überwunden haben und mit Ihrem Koffer in der Hand auf die Straße vor dem Terminal oder dem Bahnhof getreten sind. Im Gegenteil: Auf den ersten Blick wird Ihnen das Land fast schon langweilig vorkommen, so geordnet, sauber und diszipliniert wirkt alles. Es hat fast den Anschein, als ob die Deutschen alle positiven Vorurteile über sich fleißig gesammelt und penibel in die Realität umgesetzt hätten.

Das beginnt gleich im Flughafen (und wenn Sie auf einem Bahnhof ankommen, sieht es nicht viel anders aus): So, meinen Sie, sollte eigentlich eher eine Klinik aussehen – sauber bis zur Sterilität, ruhig, übersichtlich, geordnet. Immer und überall wird gewienert, gebohnert und geputzt. Am auffälligsten sind vielleicht die kleinen Traktoren gleichenden Putzfahrzeuge, die unaufhaltsam durch die Hallen schnurren.

Hier warten keine lärmenden Massen auf ankommende Freunde und Verwandte, ernst und gemessen bewegen sich die adrett gekleideten Menschen, schließlich sind Ankunft und Abflug, Einchecken und Gepäckausgabe seriöse Verrichtungen. Das Licht ist hell, nicht zu grell und nicht zu gedämpft, und nur den Deutschen scheint es gelungen zu sein, einen Farbton zu finden, der grau und dennoch freundlich ist. Eigentlich auch kein Wunder, haben sie doch schon nach alter russischer Überzeugung den Affen erfunden. Alle Wege – ob zum Zoll, zum Klo oder zur U-Bahn – sind ausgeschildert, und wer den Pfeilen folgt, der gerät – Wunder über Wunder – tatsächlich an den gewünschten Ort.

Sauber sind die Bahnhöfe und Bahnsteige der U-Bahnen und Vorortzüge, die Sie in die Innenstädte bringen (sogar die aufgesprayten Graffiti könnten aus der Tretjakow-Galerie stammen); sauber sind die Taxis, technisch einwandfrei, regelmäßig gewartet, die Polster duften nach frischem Leder, die Türen schließen mit einem saftigen Schmatzen und klappern nie, und – meist – zahlt man nur den Betrag, der auf dem Taxameter steht, nicht mehr und nicht weniger. Ordnung muss sein. Sauber sind sogar die Straßen, zumal die Autobahnen – sauber und vor allem glatt und eben: Da nirgendwo auch nur das kleinste Schlagloch lauert, werden Sie zunächst den Eindruck haben, der Wagen gleite auf einer Eisfläche dahin. Vermeiden Sie es, einen Blick auf den Tachometer zu werfen. Die von deutschen Autofahrern als normal angesehenen Geschwindigkeiten kennen wir in Russland bestenfalls aus Science-Fiction-Romanen. Doch dem Phänomen des Autoverkehrs wollen wir uns später ausführlicher widmen.

Wer aus Russland oder einem anderen osteuropäischen Land kommt, der wird angesichts so viel Sauberkeit in der Tat aus dem Staunen nicht herauskommen. Wie schaffen es diese Deutschen bloß, selbst im Herbst das Laub rasch beiseite zu schaffen? Warum lagern entlang ihrer Straßen nicht einmal im tiefsten Winter ölverschmierte Schnee- und Eisberge? Werden Ampeln und Verkehrszeichen täglich – so möchte man meinen – mit warmem Wasser und Seife abgeschrubbt?

Oder sollte Sachar, der Diener Oblomows in Iwan Gontscharows gleichnamigem Roman doch recht gehabt haben, als er zu beweisen suchte, dass die Deutschen überhaupt keinen Schmutz machten: »Schauen Sie sie einmal an, wie sie leben! Die ganze Familie nagt die ganze Woche an einem einzigen Knochen. Der Rock geht von der Schulter des Vaters auf den Sohn über und vom Sohn wieder auf den Vater. Wo sollen sie den Mist hernehmen? Bei ihnen gibt's das nicht, dass ganze Haufen von abgetragenen Kleidern jahrelang in den Schränken liegen oder sich im Winter eine ganze Ecke von Brotrinden ansammelt wie bei uns. Sie lassen nicht einmal eine Rinde unnütz herumliegen, sie machen sich daraus Zwieback und essen das zum Bier.«

Oblomow kannte nur die deutschen Mitbürger im heiligen vorrevolutionären Russland.

Hätte er die heutige Bundesrepublik kennengelernt, dann wäre es auch ihm ergangen wie vielen Fremden, die sich länger in Deutschland aufhalten: Man fühlt sich manchmal wie ein Gefangener in einer Tupperware-Dose: die Wände sind glatt, geruchlos, abwaschbar, hygienisch. Obendrauf sitzt ein Deckel, der die Zelle luftdicht verschließt.

Zuweilen befallen einen dann finstere Gedanken, ob der deutsche Waschzwang einen manisch-depressiven Hintergrund hat, wie etwa bei Lady Macbeth. Das geschieht vor allem dann, wenn man einen Abend lang im Fernsehen nichts anderes gesehen zu haben scheint als Werbespots für Waschpulver, Putz- und Spülmittel. Geht man nach der Werbung und dem Augenschein, so scheint es für dieses Volk keine schlimmere Katastrophe zu geben als einen Schmutzrand am Hemdkragen oder einen Kalkfleck in der Badewanne. Es ist ein immerwährendes Ringen, bei dem man sich des Beistandes neomythologischer Helden versichert hat – Meister Proppers und des Weißen Riesen. Eine keineswegs unreinliche russische Landsmännin hat für die deutsche Hausfrau den nicht unpassenden Gattungsbegriff eines »Rambo mit Waschpulver« geprägt.

Als Neuankömmling blühen Ihnen jedoch erst einmal ganz andere Wunder. Sie haben Ihr Gepäck geholt und sich schnurstracks zum nächsten öffentlichen Verkehrsmittel begeben, das Sie in die Innenstadt zu Ihrem Hotel bringen soll. Vergebens haben Sie nach einem Schalter gesucht, wo Ihnen ein Mensch aus Fleisch und Blut eine Fahrkarte verkauft. Hilflos stehen Sie einem Automaten gegenüber, dem Sie nun ein Billett abluchsen müssen. Um es kurz zu machen: Ohne fremde Hilfe werden Sie sich selbst mit fließenden Deutschkenntnissen nicht durch den Dschungel der Tarif- und Zonenregelungen städtischer Nahverkehrsbetriebe schlagen können.

An dieser Stelle ist es wohl an der Zeit, Ihnen eine Maxime mit auf den Weg zu geben, die Ihnen überall in Deutschland Trost und Hilfe sein wird: Die Deutschen mögen sich manchmal nach Ihrem Verständnis aberwitzig, ja verrückt verhalten – aber niemals tun sie etwas ohne Grund beziehungsweise ohne logische Begründung. Vielleicht erschließt dieser sich Ihnen irgendwann, aber das ist eher unwahrscheinlich und schon gar nicht notwendig.

Denken Sie an diese Maxime, wenn Sie vor dem Fahrkartenautomaten stehen und herauszufinden versuchen, in welcher Zone Ihr Fahrtziel liegt und für wie viele Zonen Sie lösen müssen und ob Sie lieber eine Einzel- oder eine Mehrfahrtenkarte erwerben. Vergessen Sie den Ratschlag nicht, wenn Sie sich überlegen, was eine Kurzzone ist und ab wann ein Nachttarif gilt. Bleiben Sie ruhig, wenn Sie auszurechnen versuchen, ob und gegebenenfalls wie viel Sie für ein Kind, einen Hund oder ein Fahrrad zusätzlich bezahlen müssen. Trösten Sie sich mit dem Wissen, dass ein Münchner in Hamburg, ein Frankfurter in Berlin genauso perplex vor dem Automaten steht wie Sie. Es kann als gesichert gelten, dass die kryptischen Tarifvorschriften des öffentlichen Nahverkehrs in Deutschland Teil eines bundesweiten Intelligenz-Dauertests sind, mit dessen Hilfe der Technologiestandort Deutschland bewahrt und ein noch dramatischeres Abrutschen in PISA-Studien verhindert werden soll.

Eines sollten Sie allerdings, insbesondere im süddeutschen Raum, unter keinen Umständen vergessen: Ihren Fahrschein abzustempeln – auch wenn manche Stadtverwaltung dafür den irreführenden Begriff »entwerten« gefunden hat. Dafür stehen »Entwerter« genannte Stechuhren bereit. Auch wenn es Ihrem Sprachverständnis oder Ihrer Logik gegen den Strich geht, glauben Sie es, dass Sie nur mit einem entwerteten, mithin wertlosen Fahrschein die Fahrt antreten dürfen. Sonst könnte es Ihnen ergehen wie jenem amerikanischen Touristen, der ohne Zwischenfall den weiten Weg von Hawaii nach München zurückgelegt hatte. Am Flughafen bestieg er mit einem »wertvollen«, also nicht abgestempelten Fahrschein die S-Bahn. Als er am Hauptbahnhof ausstieg, geriet er unversehens in eine groß angelegte, razzia-ähnliche Fahrscheinkontrolle. Da weder er des Deutschen noch die Beamten des Englischen mächtig waren, wurde er kurzerhand auf das nächstgelegene Polizeirevier gebracht und dort mehrere Stunden lang festgehalten. Denn er hatte nicht entwertet.

Dieser kleinen Anekdote können Sie bereits entnehmen, dass der Charme der Deutschen gemeinhin von herberer Art ist, nicht gefällig oder gar süßlich wie der anderer Nationen. Das beginnt bereits bei der Begrüßung, wenn man sein Gegenüber nach dem Wohlbefinden fragt. Verschiedene Völker gehen unterschiedlich mit dieser Frage um. Die Engländer schlagen ihr »How do you do« wiederholt hin und her wie einen Pingpongball, ohne jemals wirklich eine Antwort zu erwarten. Die Franzosen wiederum unterstellen die Antwort, ohne überhaupt die Frage gestellt zu haben: »Ca va bien, n'est-ce pas?« – »Es geht doch gut, oder?« Und Russen legen sich ungern fest: Wie es geht? *Normalno* – normal eben, was immer das heißen soll. Aber wenigstens befindet man sich damit auf sicherem Grund.

Bei allen Unterschieden gibt es freilich eine Gemeinsamkeit aller Völker. Niemand nimmt die Frage ernst, niemand erwartet ernsthaft eine Antwort darauf. Nicht so in Deutschland, und deshalb kann ich Sie nur inständig bitten, meinen Rat zu beherzigen: Erkundigen Sie sich nur dann beiläufig nach dem Befinden Ihres Gesprächspartners, wenn Sie wirklich an einer haarkleinen Schilderung der gesundheitlichen, finanziellen und familiären Zu- und Umstände interessiert sind. Denn es kann Ihnen passieren, dass man Sie beim Wort nimmt und Ihnen die Ohren vollredet. Dabei ist kein Thema tabu – weder die Hämorrhoiden des Gastgebers, noch die Herz-Rhythmus-Störungen des Schwiegervaters, die Probleme der Tochter in Physik und Chemie oder die letzthin deutlich gesunkenen Umsätze des Familienbetriebes.

Grundsätzlich gilt, dass diese Schilderungen so gut wie nie positiv sind. Niemand soll annehmen, dass das Glück wie eine milde Frühlingssonne sanft und warm auf einen Deutschen herabscheint. Selbst wenn sie keine Zeit zu weit ausholenden Schilderungen haben und sich auf eine knappe Antwort beschränken müssen, werden Sie aus deutschem Munde nie ein »danke, gut«, oder auch nur ein russisches »normal« hören. Das höchste der Gefühle ist ein tiefes Aufseufzen, gefolgt von der Bemerkung: »Na ja, es muss halt irgendwie gehen« – als ob der Arzt einem Patienten mitgeteilt hätte, dass er lernen müsse, wegen einer Totalamputation fortan ohne Beine zu leben. Hiob muss so seufzend-resigniert reagiert haben, wann immer ihm Gott eine neue Prüfung auferlegte.

Wenn Deutsche witzig sein wollen (wobei grundsätzlich Vorsicht angebracht ist, wie wir in einem späteren Kapitel untersuchen werden), dann setzen sie bei der Frage nach ihrem Wohlbefinden ein schiefes Lächeln auf und sagen: »Ach, Sie wissen ja, schlechten Leuten geht's immer gut.« Was sie damit provozieren wollen, ist nicht ganz klar. Einen Protest, dass sie doch ganz gewiss kein schlechter Mensch seien? Dann aber würde man ihnen unterstellen, dass es ihnen schlecht gehe, womit wir wieder bei der Standardantwort wären.

Letztlich fällen sie mit dieser Bemerkung nur ein vernichtendes Urteil über all jene Völker (Engländer, Araber, Russen, Türken und vermutlich auch Nepalesen), die gedankenlos positiv antworten. Sie sind zwangsläufig alles schlechte Menschen, denn sonst würde es ihnen ja nicht gut gehen.

Vor allem aber sind alle diese Nationen inhärent unaufrichtig. Wem geht es denn schon immer gut? Sie als Besucher mögen die deutsche Miesepetrigkeit vielleicht als verstörend empfinden, aber sie hat einen unbestreitbaren Vorteil: Deutsche verstellen sich nicht, man weiß stets, woran man bei ihnen ist. Warum sollte ich ein Geheimnis daraus machen, wenn es mir mies geht?

Schon bei der Ankunft können Sie darüber hinaus ein regionales Nord-Süd-Gefälle feststellen. Dazu zwei kleine Beispiele: In München mahnt der Fahrer der S-Bahn die Fahrgäste zurückzubleiben, weil er nun die Türen zu schließen gedenke. Er tut dies auch auf dem internationalen Flughafen in bayerischem Dialekt, den jener japanische Geschäftsmann fahrlässigerweise nicht verstand, der zum Endspurt auf die Waggons ansetzte. Wie eine Stimme vom Olymp dröhnte daraufhin die Stimme des Zugführers über den Bahnsteig: »Ja herrgottsakra, zruckbleim hob i gsogt! Konnst net hörn, Saupreiß, japanischer?«

Ein wenig feinsinniger nimmt sich da die ebenfalls verbürgte Berliner Variante aus. Eine junge Dame kommt mit dem Zug am Bahnhof Zoo an. Ihre Pension ist zwar nur wenige hundert Meter entfernt, da sie viel Gepäck hat, wagt sie es dennoch, ein Taxi zu besteigen. Nachdem sie bang ihr Fahrtziel genannt hatte, drehte sich der Fahrer zu ihr um und sagte: »Also wissen Se, da kommt 'n Zug an, Hunderte von Leuten steigen aus, und ick, wa, ick zieh' die eenzije Niete.«

Grammatik muss nicht: Die Sprache Goethes, Kohls und Trapattonis

Wenn Sie nach Deutschland kommen, dann gibt es zwei Möglichkeiten: Entweder Sie sprechen Deutsch, oder Sie sprechen es nicht. Doch für das, was Sie nun gleich zu Ihrem großen Erstaunen erfahren werden, spielt dieser Unterschied keine erhebliche Rolle. Denn in beiden Fällen werden Sie über kurz oder lang feststellen: Die Deutschen selbst sprechen gar nicht Deutsch.

Jedenfalls scheinen die Einheimischen nicht jener Form des Deutschen mächtig zu sein, die Sie daheim in Ihrem Goethe-Institut gelernt haben oder von der Ihnen Ihr Sprachführer weiszumachen versucht, dass es die gängige Umgangssprache ist. Dort heißt es nämlich, das Deutsche sei eine schwierige Sprache – mit drei Geschlechtern plus dazugehörigen Artikeln, vier Fällen, unregelmäßigen Verben, vertrackter Pluralbildung, verwirrenden Endungen und dergleichen mehr. Außerdem haben Sie vielleicht noch Mark Twains Urteil über das Deutsche im Ohr, wonach diese Sprache unglaublich lange Sätze bildet, die auf »gekonnt gewollt gehabt zu haben zu sein« oder so ähnlich enden.

Sie werden sich betrogen fühlen, wenn Sie das erste Mal versuchen, mit einem Deutschen in seiner Muttersprache zu kommunizieren. Denn was Ihnen da entgegentönt, scheint eine der einfachsten Sprachen der Welt zu sein, ganz ohne grammatikalische Feinheiten oder Schwierigkeiten, eine Sprache, die auf ihre Grundbausteine reduziert ist und darüber hinaus mit einem Minimalwortschatz von etwa fünfzig Wörtern auszukommen scheint.

Nehmen wir ein alltägliches Beispiel. Sie sind mit dem Auto in einer fremden Stadt unterwegs und fragen einen Passanten nach dem Weg ins Zentrum, wo Sie Ihr touristisches Programm – Kirchen, Klöster, Kneipen – absolvieren wollen. Die Antwort wird ungefähr so ausfallen: »Du Zentrum? Du sein ganz falsch. Du müssen fahren zurück, anders, retour. Dann, guck, du sehen Ampel? Licht rot, gelb, grün. Dort du fahren rechts, und immer geradeaus. Wenn du sehen viel, viel groß Haus, du sein Zentrum.«

Daraus lässt sich schon eine ganze Menge von dem lernen, was Ihnen Ihr Deutschlehrer zu Hause hartnäckig verschwiegen hat. Das Deutsche scheint im Gegensatz zu anderen Sprachen häufig ganz auf Verben zu verzichten. Wo dies nicht möglich ist, genügt offenbar der Infinitiv, eine Konjugation findet nicht statt (sein, müssen, sehen). Immerhin: Ein rudimentärer Imperativ scheint sich noch erhalten zu haben (guck!). Auch Artikel, mit denen man Sie jahrelang im Deutschunterricht geplagt hat, entfallen: Da es offenbar weder bestimmte noch unbestimmte Artikel gibt, braucht man sich nicht mehr mit dem Genus des betreffenden Substantivs zu belasten. Grundsätzlich sind das gute Nachrichten für einen russischen Muttersprachler. Das Russische kommt ja auch gänzlich ohne Artikel aus.

Schließlich scheint der moderne Deutsche auch die komplizierte Pluralbildung über Bord geworfen zu haben. So heißt es nicht mehr: das Haus, die Häuser, sondern ganz einfach – und dem Chinesischen nicht unähnlich – Haus, viel Haus. Und nicht zuletzt: Unbemerkt von der Außenwelt scheint das Deutsche mit dem Englischen und den skandinavischen Sprachen gleichgezogen und die Höflichkeitsform abgeschafft zu haben; es gibt nur noch das Du. Damit gehen auch die verwirrenden Pronomen ihr, Ihre und euch über Bord.

Vermutlich werden Sie nun die ersten Mordpläne gegen Ihren Deutschprofessor schmieden und Ihre Wörterbücher und Sprachführer zerreißen wollen. Doch gemach, Ihr Unterricht war nicht ganz umsonst! Die Deutschen sprechen auch Deutsch, es gibt sogar einige, die grammatikalisch völlig korrekt sprechen. Und untereinander achten die Deutschen penibel darauf, dass der Unterschied zwischen Du und Sie auch eingehalten wird. Sie sind lediglich soeben Zeuge eines Verhaltens geworden, das es so nur in Deutschland gibt: galoppierende Sprachregression als Mittel der Völkerverständigung.

Anderswo ist das anders: Franzosen nehmen einen Ausländer erst dann zur Kenntnis, wenn er ihre Sprache besser und akzentfreier als sie selbst beherrscht. Angelsachsen sprechen ganz einfach einige Dezibel lauter, wenn ihnen ein radebrechender Ausländer gegenübersteht – in der irrigen Annahme, der arme Teufel habe nur ein Problem mit den Ohren. Russen neigen dazu, mit Fremden sehr langsam zu sprechen – was bei komplizierten Satzkonstruktionen indes eher kontraproduktiv wirkt, da der Zuhörer am Ende den Satzbeginn bestimmt schon vergessen hat.

Keiner dieser Nationen würde es jedoch einfallen, ihre Muttersprache einem Fremden zuliebe zu verstümmeln, sie jeglicher Syntax und Grammatik zu berauben. Anders die Deutschen, die bei diesen Gelegenheiten ihre Sprache nach Herzenslust meucheln und metzeln. Dabei spielt es oft keine Rolle, dass der Ausländer fließend Deutsch spricht. Viele Deutsche verlassen sich lieber auf den optischen als auf den akustischen Eindruck. So gibt es Fälle japanischer oder koreanischer Germanistikprofessoren, die bei Aufenthalten in Göttingen, Tübingen oder Marburg außerhalb der Hochschule kaum einen richtigen deutschen Satz gehört haben. Ihr Fehler: Sie sahen asiatisch aus.

Ganz selten gelingt es einem Ausländer, sich in gleicher Münze zu revanchieren. So etwa jenem Palästinenser aus Stuttgart, der das Deutsche sowohl in seiner Hochform als auch in der schwäbischen Variante fehlerfrei beherrscht. Dummerweise hat seine Physiognomie mit seinen linguistischen Fertigkeiten nicht Schritt gehalten, und er sieht noch immer genauso aus, wie man sich einen typischen Araber vorstellt: schwarzer Schnauzbart, olivfarbener Teint, gekräuselte schwarze Haare. Als er deshalb von einem Pförtner im Stuttgarter Einwohnermeldeamt in Rudimentärdeutsch angesprochen wurde, schlug seine große Stunde. In breitestem Schwäbisch erwiderte er der Amtsperson: »Hano, isch etz scho so weit, dass d'Usländer do uf dr Behörde schaffe!«

Leider hat sich noch kein Sprachwissenschaftler mit der freiwilligen Sprachregression beschäftigt. Vermutlich schlug die Geburtsstunde in den Sechzigerjahren, als die ersten Gastarbeiter aus Italien, Jugoslawien und der Türkei in die keineswegs weltläufige Bundesrepublik kamen. Streng genommen war es ein Geniestreich, wie man mit der Simplifizierung die sprachlichen Hürden bewältigte. Der gastarbeitende Fußballtrainer Giovanni Trapattoni hat dieses Deutsch zur Kunstform geadelt.

Schließlich sollten die Gäste das Bruttosozialprodukt mehren helfen und nicht an philologischen Seminaren teilnehmen. Und es funktionierte, wenn man dem anatolischen Hilfsarbeiter zurief: »He, du machen zacki-zacki, du nix verstehen, alter Kümmeltürk?« oder den neapolitanischen Aushilfsfahrer mit einem schon fast südländisch melodiösen »dalli, dalli, Spaghetti« an deutsches Arbeitstempo erinnerte. Die enorme zivilisatorische Leistung dieses Pidgin-Deutsch ist leider noch viel zu wenig beachtet worden. Mittlerweile ist es nämlich auf entlegenen griechischen Inseln, in türkischen Fremdenverkehrsorten und sogar an thailändischen Badestränden die am weitesten verbreitete *lingua franca*. »Du deutsch, deutsch gut« werden heute Touristen aus der Bundesrepublik im vertrauten heimatlichen Idiom empfangen. »Komm, ich dir machen gut Preis für Teppich.«

Als gesichert kann vermutlich gelten, dass die Triebfeder dieses Verhaltens der Wunsch ist, dem Ausländer das Leben zu erleichtern. Wer anderer wüsste besser als ein Deutscher, welch schwierige Sprache das Deutsche ist. Da gebietet es die Höflichkeit, dem Fremden ein gutes Stück Weges entgegenzukommen.

Problematisch wird es allerdings für jene, die zum Sprachstudium nach Deutschland kommen. Es bedarf übermenschlicher Anstrengungen, die Gemüsefrau, den Briefträger oder die Kassiererin zu einer akzeptablen Umgangssprache zu bewegen. Fairerweise muss man jedoch hinzufügen, dass es mittlerweile verhältnismäßig viele Deutsche gibt, die zumindest der englischen Sprache einigermaßen mächtig sind. Dies ist eine noch größere Herausforderung für englische oder amerikanische Sprachstudenten, da diese polyglotten Deutschen an ihnen partout ihr Englisch ausprobieren wollen. Wenn der junge Brite nicht aufpasst, dann trägt ihm ein zweijähriges Deutschstudium in Deutschland nur einen deutschen Akzent im Englischen ein.

Derartige Probleme werden Sie als Russe vermutlich nicht haben. Die Sprache Puschkins und Dostojewskis ist in Deutschland nur geringfügig weiter verbreitet als das Japanische. Falls Sie darauf bauen sollten, dass »unsere« früheren Deutschen in der DDR in der Schule allesamt Russisch als Pflichtfach hatten, dann werden Sie eine bittere Enttäuschung erleben. Für die überwältigende Mehrheit von ihnen war das Russische in etwa so attraktiv wie ein Studium des frühen Hochsumerisch. Entsprechend rasch verdrängten sie unmittelbar nach ihrem Schulabschluss alle russischen Vokabeln.

Eine lobenswerte Ausnahme scheint die Bundeskanzlerin zu sein. Genaues weiß man zwar nicht, aber sie selbst hat nie hartnäckige Gerüchte zurückgewiesen, dass sie mehr als nur passabel russisch spricht. Wahrscheinlich war sie schon in der Schule emsig (um mal das hässliche Wort von der Streberin zu vermeiden) und hat sich gedacht: Wer weiß, ob ich diese Sprache nicht einmal werde brauchen können. Das Schicksal führte sie dann mit zwei Männern zusammen. Der eine hieß Joachim Sauer. Er kommt aus der Lausitz, wo man eine Art von Schrumpf-Russisch spricht, und ihn heiratete sie. Der andere ist ein Schrumpf-Russe aus Petersburg, der auf den Namen Wladimir Putin hört und so verdächtig gut Deutsch kann, wie man dies nur KGB-Agenten beigebracht hat. Sie wurden meist nur deshalb enttarnt, weil sie die Regeln des deutschen Konjunktivs fehlerfrei beherrschten.

Denn auch die Deutschen haben zuweilen ihre liebe Not mit so manchen Feinheiten ihrer Sprache. Untiefen und Fährnisse lauern überall: Was schreibt man wann groß und wann klein, wo steht ein Doppel-s und wo ein sogenanntes scharfes ß, bildet man den Komparativ wirklich mit »als«, wo doch »wie« so viel eingängiger klingt? (Scharf sieht dieses »ß« ja eigentlich nicht aus, sondern eher behäbig mit seinem Bäuchlein. Es sei denn, man sieht in ihm eine weibliche Silhouette, wobei das Adjektiv scharf freilich eine andere Bedeutung bekäme.) Bekannt ist die Anekdote, in welcher ein Bauer seinem Sohn anhand des Satzes »Die Katz' sitzt hinterm Ofen« eine einfache Richtschnur für die Regeln der Groß- und Kleinschreibung geben will: »Groß schreibst, was man anfassen kann, also den ›Sitz‹ und den ›Hintern‹, klein, was man nicht anfassen kann, nämlich die ›katz‹ und den ›ofen‹ – weil: die eine kratzt und der andere ist heiß.«

Keine Schwierigkeiten bereitet es den Deutschen merkwürdigerweise, dass ihre Wörter keinen Anfang und kein Ende zu haben scheinen. Selbst kürzere deutsche Wörter scheinen im Allgemeinen aus mindestens einem Dutzend Buchstaben zu bestehen, und nach oben gibt es offensichtlich keine Grenze. Wenn Sie sich so manche seriöse deutsche Zeitung ansehen, dann werden Sie leicht den Eindruck gewinnen, ein vierspaltiger Kommentar bestünde aus nicht mehr als 25 Wörtern. Lassen Sie sich von diesen Wortwürmern nicht bange machen. Dahinter steckt ein einfacher Trick: Die Deutschen hängen nämlich – ähnlich wie beim Dominospiel – einfach so viele Wörter, wie sie wollen, aneinander. Auf diese einfache Art und Weise bereichern sie ihren Wortschatz und verwirren gleichzeitig alle Fremden.

Dass viele Deutsche mit ihrer Muttersprache auf Kriegsfuß stehen, hängt eng mit der geschichtlichen Entwicklung des Landes zusammen. Anders als in den zentral ausgerichteten Staaten Frankreich, Spanien, England oder Russland gab es in Deutschland jahrhundertelang kein gemeinsames politisches und geistiges Zentrum, in dem sich eine allgemein akzeptierte Hochsprache hätte herausbilden können. Die für das gesellschaftliche und kulturelle Leben wichtigen Metropolen hießen Weimar oder Lauenburg, Ansbach oder Karlsruhe – und dort wurden höchstens die regionalen Dialekte verfeinert und auf ein höheres Niveau gehoben.

Als Bismarck 1871 das Deutsche Reich mit seiner Hauptstadt Berlin gründete, war es schon zu spät: Bajuwaren und Alemannen, Hanseaten und Westfalen dachten nicht im Traum daran, quasi als Fremdsprache neben ihrem geliebten Idiom nun auch noch Hochdeutsch (oder das, was man in Preußen dafür hielt) zu erlernen. Ganz abgesehen davon, dass jeder Schwabe, Bayer oder Sachse seinen Dialekt für wohlklingender (würde ich an

Ihrer Stelle nicht glauben) und reicher (stimmt!) als das Hochdeutsche hält.

In den letzten Jahrzehnten hat das Fernsehen viel dazu beigetragen, eine einheitliche Hochsprache durchzusetzen. Für die berufliche Karriere aber ist ein gepflegtes Deutsch noch immer nicht notwendig – das gilt auch für die Politik: Vier von sechs Kanzlern der Bundesrepublik Deutschland wandten sich stets in ihrem heimeligen heimatlichen Dialekt an die Nation; von den beiden Staatsratsvorsitzenden der untergegangenen DDR ganz zu schweigen. Ein französischer Staatspräsident hingegen, der im breiten Dialekt der Auvergne daherredete, oder ein britischer Premierminister mit Liverpudlian-Akzent wäre allenfalls als Lachnummer für das politische Kabarett denkbar. Es stimmt zwar, was Sie gehört haben: Margaret Thatcher nahm nach ihrer Wahl zur Premierministerin Sprachunterricht. Dabei ging es aber nur darum, gleichsam mit Schmirgelpapier ihren glasklar schneidenden Tonfall auf ein milderes Timbre abzuschleifen. Ihr Englisch war zwar von keinerlei Dialekt getrübt, klang aber wie eine Metallsäge, die sich in ein Stahlgitter frisst.

Natürlich gab es wiederholt Versuche, den Deutschen eine einheitliche Schriftsprache zu verpassen – beginnend mit Martin Luther, der dann allerdings von theologischen Problemen in Anspruch genommen wurde, über die Brüder Grimm, die jedoch nur wegen ihrer Märchensammlung in Erinnerung geblieben sind, bis hin zu Konrad Duden, der 1880 sein *Vollständiges Orthographisches Wörterbuch der deutschen Sprache* herausbrachte. Aus bescheidenen Anfängen (die Erstausgabe umfasste knapp 187 Seiten) hat sich das Nachschlagewerk »maßgebend in allen Zweifelsfällen« der deutschen Sprache zu mehr als einem Dutzend Bände ausgewachsen, und Sie werden »den Duden« überall finden, wo geschrieben und formuliert wird.

Alle Zweifelsfälle indes räumt auch der Duden trotz seines vollmundig gegebenen Versprechens nicht aus, was unter anderem daran liegt, dass das Deutsche auch in der Schweiz und in Österreich Amts- und Umgangssprache ist. Jeder Versuch von Sprachexperten dieser drei (bis zum Ende der DDR waren es sogar vier) deutschsprachigen Länder, eine allgemein verbindliche Hochsprache zu schaffen, scheiterte am Nationalstolz vor allem der beiden kleineren Brüder, die zudem die linguistische Dominanz des starken Deutschlands fürchteten. Die Österreicher, die nach dem Zweiten Weltkrieg für einige Zeit sogar ein Unterrichtsfach Österreichisch in die Lehrpläne aufgenommen hatten, kämpfen indes nur noch Rückzugsgefechte. Vor allem die Sprache der Werbung und des Fernsehens höhlt langsam, aber stetig die Austriazismen aus.

Da sind die Schweizer schon besser dran: Erstens wollen sie bislang nicht in die von Deutschland dominierte Europäische Union, und zweitens betrachten sie das Hochdeutsche buchstäblich nur als Schriftsprache. Unterhaltungen führen sie in ihren hingebungsvoll gepflegten Dialekten. Wenn Sie trotz eines abgeschlossenen Germanistikstudiums vom Gespräch zweier Eidgenossen kein Wort verstehen, so grämen Sie sich nicht: Gebürtige Deutsche haben dasselbe Problem.

Irgendwann einigten sich Germanisten aus allen drei deutschsprachigen Ländern auf eine Minimalreform der Sprache – und lösten damit einen Sturm der Entrüstung aus. Nichts, so wurde plötzlich klar, vermag einen deutschen Menschen derart aufzuwühlen, wie wenn man versucht, ihm ein Komma zu verrücken, die Hand an die geliebte Groß- und Kleinschreibung zu legen oder gar den Eszett oder scharfes ß genannten Buchstaben zumindest teilweise abzuschaffen.

Österreicher und Schweizer, die seit eh und je blendend ohne ß auskommen, rieben sich verwundert die Augen angesichts des Spektakels jenseits ihrer Grenzen. Philologen beschimpften Germanisten, Politiker gingen in Deckung, Duden-Redakteure schmollten, Deutschlehrer spuckten Gift und Galle – und die Deutschschüler mussten wieder mal umlernen. Einen Höhepunkt der Lächerlichkeit erreichte der Streit kurz vor dem Ablauf einer vereinbarten Übergangsperiode, als mehrere Tageszeitungen erklärten, dass sie künftig eine eigene modifizierte Rechtschreibung einführen würden, die weder etwas mit den alten noch mit den neuen Regeln zu tun haben werde. Ein Blatt, die *Frankfurter Allgemeine Zeitung*, fühlte sich nachträglich bestätigt: Sie hatte sich von Anfang an geweigert, die neuen Regelungen zu übernehmen.

Unter dem Druck von so viel Öffentlichkeit knickten denn auch die Fachleute ein – und reformierten die Reform, indem sie in weiten Teilen den ursprünglichen Zustand wiederherstellten. Angesichts der Alternative, dass jede deutsche Zeitung und irgendwann einmal vielleicht jeder einzelne Deutsche so schreiben würde, wie sie es für richtig hielten, sahen sie keinen anderen Ausweg. So blieb auch nicht mehr viel von einer Neuerung, die die Russen von jeher praktizieren – dass Fremdwörter so geschrieben werden, wie man sie ausspricht. Aber

Majonäse, Filosofie, Asfalt oder Rytmus wirkten in deutschen Augen dann doch so wie Bestandteile eines gründlich versiebten Deutschdiktats. Damit bleibt es den Deutschen leider auch versagt, dieses Prinzip mit der im Russischen betriebenen Konsequenz auch auf fremdländische Eigennamen anzuwenden. Es wird also keinen Schekspir, keinen Flohbär und keinen Dschäk se Ripper geben. Eigentlich schade!

Was den Lokalpatriotismus betrifft, so sollten Sie ihm selbst mit noch so mangelnden Deutschkenntnissen Tribut zollen, zumindest bei Begrüßung und Verabschiedung. Vermeiden Sie es nach Möglichkeit, der Marktfrau auf dem Münchner Viktualienmarkt mit einem knappen »Guten Tag« unter die Augen zu treten. Hüten Sie sich ebenso davor, in Hamburg mit einem behäbigen »Grüß Gott« auf den Lippen einen Laden zu betreten. Der fromme Gruß ist südlich der Mainlinie zu Hause (ebenso wie »Servus« oder ganz lokal »Pfüat Gott« zum Abschied), das nüchterne »Guten Tag« im Norden (wo man zackig mit »Tschüs« auseinandergeht).

Fast schon zur eigenen Sprache hat sich das Deutsche in Österreich und in der Schweiz entwickelt. Linguisten aus diesen Ländern führen gerne den Begriff »plurizentrisch« im Mund. Dabei meinen sie, dass das Deutsche – anders als andere Sprachen – kein natürliches Zentrum und deshalb das Recht hat, in jeder Region deutlich anders gesprochen zu werden. Besonders problematisch kann dies beim Lebensmitteleinkauf werden, übrigens auch für Deutsche. Genau genommen: gerade für Deutsche, vom Österreicher liebevoll Piefke genannt. Verbürgt ist der Fall einer Hamburgerin, die auf dem Naschmarkt in Wien Kirschen kaufen wollte und deshalb zielstrebig auf einen Mann zusteuerte, der inmitten von Körben voll solcher Früchte stand. Fassungslos wurde sie Ohrenzeugin, als der Verkäufer zwei Frauen mitteilte, dass er leider keine Kirschen verkaufe. Als die Hamburgerin daraufhin Zweifel an ihrem Geisteszustand oder dem des Händlers anmeldete und fragte, worum es sich denn, bitte, bei jenen kirschgroßen roten Früchten mit den kleinen Stengeln handele, da erhielt sie zur Antwort: »Weichseln, gnä Frau.« Weichseln, so muss man wissen, sind im österreichischen Deutsch Sauerkirschen. Eher angeekelt reagierte dieselbe Frau auch beim Metzger, als man ihr auf die Frage nach Steaks einen saftigen Lungenbraten anbot. Erst als man ihr das vermeintliche Eingeweide zeigte, erkannte sie, dass es sich um ein Steak handelte. Wie auch sonst: Eine Lunge ist in Österreich ein Beuschel.

Wegen ihrer bunten und wechselvollen Geschichte sitzen bei manchen Deutschen die Ressentiments gegenüber Landsleuten aus anderen Breiten tief, und Sie werden als argloser Russe nicht von einem altbayerischen Preußenhasser mit einem Nordlicht verwechselt werden wollen. In Zeichen von Einwanderung und Globalisierung sind die alten deutschen Volksstämme inzwischen um Neuzugänge aus aller Welt bereichert worden. Es gibt eine Jugendszene, in der türkische Vokabeln in die Umgangssprache gestreut werden wie Zwiebeln in den Döner. An manchen Schulen sprechen eigentlich nur noch die Lehrer deutsch; auf dem Pausenhof hört man Türkisch und Albanisch, Bosnisch und Rumänisch. Und was Berlin betrifft, so hat es sich sowieso zu einer der größten russischen Städte außerhalb Russlands entwickelt.

Allen Landstrichen – und vermutlich auch allen alt- und neudeutschen Landsleuten – gleichermaßen eigen ist jedoch in Firmen und Betrieben der herzliche Mittagsgruß »Mahlzeit«. Hierbei ist es völlig unerheblich, ob Sie Hunger haben oder Sodbrennen, in die Kantine gehen oder von dort kommen, ob Sie auf Diät sind oder ob Ihnen überhaupt der Appetit vergangen ist: Wenn man Sie zwischen zwölf und eins irgendwo in Ihrer Firma oder Ihrem Betrieb antrifft, schleudert man Ihnen gnadenlos ein donnerndes »Mahlzeit« entgegen. Vorsicht ist jedoch angebracht, wenn Sie den Ruf »Prost Mahlzeit« hören. Merkwürdigerweise ist dies keine Aufforderung zum fröhlichen Bechern und Essen, sondern ein Ausdruck verärgerter Frustration, wenn etwas nicht so gelaufen ist, wie man es sich erwartet hat. Mit diesem Spruch nähert sich der Deutsche ziemlich nah dem ansonsten suspekten Zustand der Ironie an. Doch davon später mehr.

Angesichts dieser Mischung aus historisch gewachsenen regionalen Eigenheiten und starkem Lokalpatriotismus ist es nicht verwunderlich, dass es in Deutschland keine oberste Sprachinstanz, keine Sprachakademie gibt wie etwa in Frankreich, die verbindliche Richtlinien festlegt. Wohin das führt, wenn ein Gremium von Fachleuten sich eine solche Aufgabe anmaßt, das zeigte der Aufstand über die missglückte Rechtschreibreform. Einer Sprachinstanz am nächsten kommt ansonsten die Gesellschaft für deutsche Sprache. Einmal im Jahr tritt sie ins Bewusstsein der Öffentlichkeit, wenn sie das jeweilige Wort beziehungsweise Unwort des Jahres bekannt gibt – wobei Unwort, wenn man es genau bedenkt, sich eigentlich selbst als Unwort qualifizieren würde, so wie der Unmensch. Die Sprachgesellschaft spießt besonders grausige Beispiele für einen »gedankenlosen und verantwortungslosen Sprachgebrauch« auf – wie etwa die »Rentnerschwemme«, die ein »Langlebigkeitsrisiko« darstellt anstatt durch »sozialverträgliches Frühableben« dem »Selektionsrest« in »Dunkeldeutschland« einen Dienst zu erweisen. Ausländer wiederum würden ähnlich wie »überkapazitäre Mitarbeiter« in »Ausreisezentren« der einen oder anderen »aufenthaltsbeendenden Maßnahme« ausgesetzt, mit denen man sie abschieben kann.

Auf verlorenem Posten stehen die deutschen Sprachwächter – im Gegensatz zu ihren viel mächtigeren französischen Kollegen – jedoch, wenn es gilt, den Schwall fremdzüngiger Einflüsse auf die deutsche Sprache abzuwehren. Leider hat Russisch kaum Spuren im Deutschen hinterlassen, sieht man einmal von der Datsche ab, welche die DDR in das vereinte Deutschland als Morgengabe eingebracht hat. (Nicht viel, betrachtet man es vor dem Hintergrund von vier Jahrzehnten intensiver sowjetischer Deutschlandpolitik.)

Eine Ausnahme freilich gibt es, und ich weiß nicht, ob ich Sie Ihnen verraten soll. Denn Sie könnten sich verleitet fühlen, sich mit Ihrem neu erworbenen Wissen vor einem deutschen Freund oder Bekannten zu brüsten, und man kann nie wissen, wie die darauf reagieren werden, wenn sie erfahren, dass Sie nicht der erste Russe sind, der sich in ihrer schönen deutschen Heimat herumtreibt. Denn lange bevor sich die Germanen in weiten Teilen Deutschlands niederließen, lebten dort nämlich Slawen, und die hinterließen die Namen, die sie ihren Dörfern und Siedlungen gaben. Von Lübeck (die Liebliche) bis Leipzig (die Linde), von Potsdam (unter den Eichen) bis Dresden (die Waldige) – alles verkleidete russische Städte, deren Namen slawische Wurzeln haben. Sogar Berlin hat nichts mit Bären zu tun, auch wenn Ihnen Deutsche unter Hinweis auf das Wappen der Stadt einen solchen Bären aufbinden wollen. Der Name bezeichnete ursprünglich ein Schlammloch, aber wie sähe das denn auf einer Flagge aus. Wie gesagt: Es wäre wahrscheinlich gut, wenn Sie dieses Wissen für sich behielten. Tief in ihrer Seele halten viele Deutsche nämlich schwere Komplexe begraben, die sie unsicher machen.

Aber Sie können sich auch mit Russisch ganz gut durchschlagen in Deutschland, zumal da – wie wir gelernt haben – die Grammatik überflüssig ist.

Denn in umgekehrter Richtung hat der Sprachaustausch stets besser funktioniert, und so kommt es, dass es im russischen Wortschatz von ursprünglich deutschen Vokabeln nur so wimmelt. Die meisten sind sogar nützlicher als etwa die *bakenbardi*, die Backenbärte, die heute kaum noch jemand trägt, oder der *wympel*, der einst bei Paraden der Freien Deutschen Jugend im Winde knatterte.

Sie können auf Russisch sogar Ihren Hunger in Deutschland stillen: vom *schnizel* über die *bifschteksi* und den *salat* bis hin zum *butjerbrod*. Bei letzterem sei jedoch warnend hinzugefügt, dass dieses Brot in Deutschland – wie der Name sagt – ausschließlich mit Butter bestrichen ist und nicht zusätzlich mit Wurst oder Käse wie in Russland. Übrigens ein gutes Beispiel dafür, dass die Deutschen in ihrer Sprache nicht zu euphemistischen Übertreibungen neigen.

Sie können also in einem Wirtshaus mit einem *buchgalter* ins Gespräch kommen – sobald der *schlagbaum* des Fremdelns beseitigt ist –, gemeinsam über die Farbe des *bjustgalters* der Bedienung spekulieren und anschließend *bruderschaft* trinken, was die Deutschen sehr gerne tun. Wenn Sie dann die Polizei auf dem Rückweg ins Hotel alkoholisiert am Steuer antrifft, werden Sie bestraft – richtig, das kommt von dem alten slawischen Wort *schtrafowat*. Aber Vorsicht: Missverständnisse lauern überall. Fallen Sie nicht in Ohnmacht, wenn Ihnen ein deutscher Freund stolz seine Bohrmaschine zeigt. Er verwendet sie, um Löcher in die Wand zu bohren, nicht in Zähne. Deutsche Zahnärzte benutzen einen Bohrer, nur russische Dentisten greifen zur *bormaschina*.

Leichter haben es englischsprachige Gäste in Deutschland, und das nicht nur, weil Englisch die erste und verbreiteteste Fremdsprache zwischen Nordsee und Alpenrand ist. Wie ein Schwamm hat das Deutsche unzählige englische Ausdrücke aufgenommen und sie obendrein ins Streckbett der deutschen Grammatik geworfen. So kann man am Flughafen Sätze wie diesen hören: »Cancelst du mal eben den Flug, ich checke, wo das Gepäck bleibt.« In den Managementetagen deutscher Großbetriebe hat man sich »in 1993« zu einer Zahlung oder einem Vertrag »committed«. Wer sich darauf versteht, Kontakte zu knüpfen, auszubauen und zu halten, sei es in Fernsehkreisen oder anderswo, der umschreibt seinen Beruf mit dem hübschen »ich netwörke, du netwörkst, wir haben genetwörkt«.

Dass Deutsche gnadenlos englische Verben konjugieren (müssen), ist eine nicht versiegende Quelle angelsächsischen Erstaunens.

Sie sehen, Sie haben Ihre deutschen Konjugationsregeln doch nicht umsonst gelernt. Sollten Sie für mehrere Jahre in Deutschland bleiben und zudem nicht sehr fremdartig aussehen, dann werden Sie sogar Deutsche treffen, die sich grammatikalisch richtig mit Ihnen unterhalten – falls Sie sich nicht bis dahin Pidgin-Deutsch angeeignet haben.

Deutsch wie Döner: Kulinarische Abstürze und Höhenflüge

Heute mag es noch unwahrscheinlich klingen, aber es würde mich nicht überraschen, wenn Historiker der Zukunft einem unscheinbaren Würstchen eine bahnbrechende Rolle bei der Vollendung der deutschen Einheit zuschrieben. Denn wer weiß, ob Michail Gorbatschow seinerzeit so rasch Zutrauen zu diesem unbekannten Deutschland gefasst hätte (er kannte ja noch nicht dieses Buch), wenn ihn nicht die zarte, milde bayerische Weißwurst auf den Geschmack gebracht hätte.

Es ist natürlich nur ein Gerücht, dass er sich regelmäßig Weißwürste nach Moskau einfliegen lässt. Wahrscheinlich hat er sich ohnehin schon an ihnen übergegessen. Sicher ist jedoch, dass Gorbatschow seit seiner ersten schicksalhaften Begegnung nie eine Gelegenheit zu einem Zwischenstopp in München auslässt, um eine Portion Weißwürste mit süßem Senf und einer Brezen zu verzehren. Das obligate Weißbier wird der Kostverächter indes durch ein Mineralwasser ersetzen.

Nun, über Geschmack lässt sich streiten, und Sie müssen selbst versuchen, ob Ihnen die Komposition aus zartem Kalbfleisch und Kräutern in weißem Darm mundet. Von Michail Sergejewitschs Begeisterung allein lässt sich nicht ableiten, dass die deutsche Küche zu den Fixsternen am globalen Gastronomenhimmel zählt. An die *haute cuisine* der Franzosen, Belgier oder Italiener reicht deutsche Hausmannskost mitnichten heran. Der ob seines Sarkasmus berüchtigte französische Restaurantführer *Gault Millau* bescheinigte den deutschen Küchenchefs einst sogar »Einfallslosigkeit«: »Sie kopieren die großen Meister und wollen durch einen fatalen Hang zum Komplizierten Eindruck schinden.« Auf ihren Speisekarten herrsche gähnende Langeweile.

Ganz so schlimm ist es nicht, aber es ist schon wahr, dass sich die deutsche Küche eher durch Bodenständigkeit, Solidität und Deftigkeit als durch Raffinesse auszeichnet. Russen sind ohnehin nicht dafür prädestiniert, in eine Diskussion renommierter Küchenchefs einzugreifen. Denn Borschtsch und Piroggen erfreuen eher den Gourmand als den Gourmet. Ähnlich pragmatisch verhalten sich die Deutschen zum Essen. Obwohl immer wieder Diät- und Light-Food-Wellen übers Land rollen, gilt: Reichlich muss es sein und sättigend. Nur deutschen Kommunisten in der DDR konnte es einfallen, Kartoffeln, Nudeln oder Klöße mit dem sinnfälligen Begriff »Sättigungsbeilage« zu versehen.

Im Mittelpunkt der deutschen Kochkultur indes steht – und da stimmen wir mit dem letzten Staatspräsidenten der Sowjetunion voll überein – die Wurst. So donnernd ist der Ruf der deutschen Wurst, dass er sogar durch den Eisernen Vorhang bis in den entlegensten

Kolchos im Altai drang. Wer vor kargen Sättigungsbeilagen in der Betriebskantine saß und kulinarischen Tagträumen nachhing, der dachte nicht an schlabberige Soufflés oder Ragouts, sondern an knackige Würste. Und wenn das neue marktwirtschaftliche Russland auf etwas wirklich stolz sein kann, dann ist das weniger sein Aufstieg zum reichen Energiegiganten. Nein, vielmehr ist es das ehemalige Wurstkombinat Mikojan, das die deutschen Metzger auf ihrem ureigenen Feld erfolgreich herausgefordert hat: Russische Würste haben – wenn man das so sagen kann – endlich gleichgezogen.

Wie wichtig dem deutschen Menschen die Wurst ist, zeigt ein Blick auf seine Sprache. Die Wurst zieht sich paradigmatisch durch all seine Lebenssituationen – ob ihm nun etwas Wurst, also egal, ist, ob es ihm um die Wurst, also um Entscheidendes wie Leben und Tod, geht, oder ob er sich zwischen diesen beiden Extremen einfach so durchwurstelt. Außerdem hat es den Anschein, als ob die Deutschen, die so oft in ihrer Geschichte von ihren jeweiligen Machthabern gleichgeschaltet wurden, in der Wurstpelle (verzeihen Sie das Bild) eine Nische für ihre Individualität gesucht und gefunden hätten.

Es gibt lange Würste und kurze, dicke und dünne, würzige und milde, fette und magere. Man isst sie kalt und man isst sie heiß und manchmal angemacht wie Salat mit Essig, Öl und mit Zwiebeln. Man kann sie braten, kochen, grillen oder sieden, in Ketchup tunken oder in Senf. Sie lassen sich aufschneiden oder aus der Haut zutzeln, in ein Brötchen zwängen oder, auf Sauerkraut garniert, mit und ohne Kartoffelpüree vom Teller essen. Der Vielfalt sind ebenso wenig Grenzen gesetzt wie Rekorden. Recht passend war es beispielsweise, dass bei einem Fest zum Tag der Deutschen Einheit die längste Bratwurst der Welt im Triumph wie eine Monstranz durch die Straßen Berlins getragen wurde, bevor sie verspeist wurde. Selbst jene Deutschen, denen Nationalstolz immer ein wenig peinlich ist, konnten hier ihr Haupt höher tragen.

Die Wurst beflügelt den Deutschen zudem zu erfinderischen Höhenflügen. Zugegeben, vertrackte bürokratische Vorschriften und die Notwendigkeit sie zu umgehen, spielten ebenfalls eine nicht unwesentliche Rolle bei der Entwicklung einer Neuheit, die zuerst auf den Straßen Berlins zu besichtigen war.

Bis vor Kurzem war es ja selbst im wurstversessenen Deutschland so, dass der Esser zur Wurst kommen musste und nicht umgekehrt die Wurst ihm folgte. Doch ausgerechnet in Berlin, das außer dem Sonderfall der klein geschnipselten und damit gleichsam grausam kastrierten Currywurst keinen herausragenden Beitrag zur deutschen Wurstkultur geleistet hat, laufen die Würste dem hungrigen Käufer nach. Buchstäblich.

Grillwalker heißen jene Männer auf gut Neudeutsch, die einen Grill vor dem Bauch und einen Senf- und Ketchupspender auf dem Rücken montiert haben und zwischen Ku-Damm und Alexanderplatz die Straßen auf und ab spazieren. Es ist die perfekte Kreuzung aus deutschem technischem Erfindergeist und der Lust auf Wurst. Außerdem verstoßen die Wurstläufer nicht gegen geltende Bestimmungen, die besagen, dass man eine Genehmigung zum Wurstverkauf braucht, wenn entweder der Grill oder die Wurst den Boden berühren. Wundern Sie sich nicht, wenn Sie demnächst in Moskau oder Petersburg einem Grillwalker über den Weg laufen. Schon mehrere Länder haben Interesse an den mobilen Barbecue-Männern gezeigt.

Berlin also hat sich, wie wir erwähnt haben, nicht unbedingt in die Ehrenliste deutscher Würste eingetragen, im Gegensatz zum Rest des Landes. Wenn Sie, was zu empfehlen ist, während Ihres Aufenthaltes kreuz und quer durch Deutschland reisen, dann werden Sie noch etwas feststellen: So unterschiedlich wie die deutschen Landschaften und Dialekte, so bunt ist die Auswahl an Würsten, die Ihnen begegnen wird. Oder anders ausgedrückt: Der Wurst kommt in Deutschland eine identifikationsstiftende Bedeutung zu, denn landsmannschaftlich definiert sich der Deutsche über die Wurst.

Bleiben wir bei der Weißwurst. Nördlich der Donau werden Sie sie vermutlich nicht mehr finden (wie schon Gorbatschow zu seinem Leidwesen erfahren musste), da sie ein typisch altbayerisches Produkt ist. Mit unverhohlenem Nationalstolz präsentieren sich dafür in anderen Regionen all die Thüringer, Frankfurter, Regensburger oder Nürnberger Rostbratwürstchen sowie die westfälischen Pinkel. Gemeinsam ist fast allen Würsten indes, dass sie am besten auf der Straße schmecken, mithin im Freien und vom Pappteller.

Es versteht sich von selbst, dass auch Restaurants und Gasthäuser Würste anbieten. Leider sind diese allzu oft die einzigen Gerichte auf der Karte, die wirklich schmecken. Ich weiß, dass die vergangenen acht Jahrzehnte die Sowjetunion gastrotechnisch mit Restaurants nicht verwöhnt haben. Wenn es einigermaßen schmecken sollte, dann ging man in ein georgisches Gasthaus. Aber in Deutschland? Tatsächlich ist es schwierig, in einem deutschen Restaurant gut deutsch zu essen.

Natürlich gibt es zwischen Elbe und Donau, Rhein und Oder mittlerweile ein paar Dutzend Edelrestaurants, die für ihre »Regionalküche im Festtagskleid« von französischen Vorkostern mit allerlei Sternen, Kochmützen und dergleichen Auszeichnungen bedacht worden sind. Die Frage ist nur, ob Ihnen bei den Preisen nicht der Appetit vergeht, verschlingt doch ein Essen für zwei Personen leicht zwei russische Jahresgehälter.

Was aber die Masse der deutschen Wirtshäuser angeht, so muss man den Kritikern des *Gault Millau* leider recht geben: Die Speisekarte ist ziemlich eintönig. Allerdings gibt es, im Gegensatz zur alten Sowjetpraxis, meistens alles, was auf ihr aufgeführt ist. Das sind vor allem Fleischgerichte – und dies erklärt, warum die Deutschen mit einem Pro-Kopf-Verbrauch von 63 Kilogramm Fleisch im Jahr international an der Spitze sind. Noch nicht einmal die Rinderseuche BSE konnte ihnen dauerhaft den Appetit verderben.

Mit der Bestellung dürften Sie, wie wir wissen, auch ohne Deutschkenntnisse kaum Schwierigkeiten haben: *schnizel*, *bifschteksi* und *kotlety* werden Sie ohne Schwierigkeiten auf der Karte erkennen – wobei es sich bei den Koteletts nicht, wie in Russland, um Buletten handelt, sondern um das, was dort präzise, aber wenig appetitanregend als »Fleisch mit Knochen, gebraten« bezeichnet wird. Schnitzel gibt es in verschiedenen Varianten, genauer gesagt, es handelt sich meistens um ein Stück gebratenes Fleisch mit wechselnden Soßen.

Beim Paprikaschnitzel lässt sich diese noch leicht erraten, vertrackter wird es beim Jägerschnitzel. Nach einem unerforschlichen Ratschluss wird der Weidmann in der deutschen Küche nicht mit Wild in Verbindung gebracht, sondern mit Pilzen, vermutlich, weil die im Walde wachsen. Dasselbe gilt natürlich für Jägerbraten, Jägertoast oder ähnliche Kompositionen. Schrauben Sie als russischer Pilzkenner Ihre Erwartungen lieber nicht zu hoch. Mit Ausnahme weniger Restaurants und der Pilzsaison werden die Jägergerichte durch die Bank mit Champignons aus der Dose zubereitet.

Es soll Deutsche der jüngeren Generation geben, die fest davon überzeugt sind, dass essbare Pilze ausnahmslos in Dosen wachsen und die frei wachsenden Arten von Fliegenpilz bis Fußpilz allesamt ungenießbar sind. Sie mögen jetzt als Pilzgourmet traurig den Kopf schütteln, aber diese Ignoranz hat auch etwas Gutes: Bei der Pilzsuche in deutschen Wäldern haben Sie wenig Konkurrenz. Begehen Sie aber um Himmels willen nicht den Fehler und laden Sie deutsche Freunde und Bekannte zu einem Abendessen mit eigenhändig gesammelten Pilzen ein. Man würde Ihren botanischen Kenntnissen nämlich bei aller Sympathie nicht rückhaltlos trauen. Im ungünstigsten Fall könnte man Sie gar als durchtriebenen Giftmischer verdächtigen.

Zurück zur harmloseren Küche. Beliebt als kleinere Zwischenmahlzeit sind auch Toasts – meist nur eine Scheibe geröstetes Weißbrot mit einer dicken Lage Fleisch, Wurst, Schinken oder Käse. Den Jägertoast und was sich dahinter verbirgt, haben wir ja schon erwähnt. Nicht umzubringen ist der Toast Hawaii, in den sich die Deutschen schlicht vernarrten, als sie Anfang der Sechzigerjahre zum ersten Mal nach Kriegsende ihre Nase in die große, weite Welt hinausstreckten. Seither steht Hawaii als Synonym für Ananas, mit der nicht nur der gleichnamige Toast, sondern auch das eine oder andere

Fleischgericht abgerundet werden soll. Ein Toast Florida (aus unerfindlichen Gründen mit Cocktailkirschen garniert) konnte sich hingegen nicht durchsetzen.

Als leider zu Unrecht vergessener Erfinder des Toasts Hawaii gilt Deutschlands erster Fernsehkoch, Clemens Wilmenrod. Der Mann mit dem frechen Menjoubärtchen war eigentlich ausgebildeter Schauspieler, was ihm sicherlich half, als er 1953 mit einer ersten Kochsendung im damals noch blutjungen deutschen TV debütierte. Als weniger langlebig erwiesen sich zwei andere kulinarische Kreationen: die gefüllte Erdbeere und das mysteriöse »arabische Reiterfleisch«. Hinter letzterem versteckt sich freilich nichts anderes als locker gebratenes, mit allerlei Zutaten hochgepepptes Hackfleisch.

Heute sind die Deutschen natürlich auch gastronomisch viel, viel weltläufiger geworden. Den Toast Hawaii gibt es selbstverständlich noch immer, aber ansonsten sautieren, pürieren und frittieren sich die Deutschen schon seit Jahren durch die Kochbücher der ganzen Welt. Wenn Sie in Moskau, St. Petersburg oder einer der neureichen russischen Energiemetropolen leben, dann brauche ich Ihnen nichts zu erzählen: Sie lesen die gleichen Kochbroschüren, folgen den Vorgaben derselben britischen Starköche und frequentieren vermutlich edlere Restaurants als die Deutschen.

Immerhin brauchen die inzwischen keinen Wolfram Siebeck mehr. Er begann seine Karriere irgendwann im Nebel der Vorzeit als Satiriker für Wochenzeitungen. Als ihm das Lachen verging (dazu später mehr im Kapitel über den deutschen Humor), begann er mit großem teutonischen Ernst seinen Landsleuten die Feinheiten guter Küche nahezubringen. Jahrelang galt Siebeck als

Esspapst Deutschlands (wohl deshalb, weil Päpste im Allgemeinen nur einzeln auftreten, und weniger wegen der Unfehlbarkeit). Sein Verdienst war es, der deutschen Hausfrau – und sehr bald auch dem deutschen Mann – den Mut eingeflößt zu haben, das Rohprodukt für Bratkartoffeln nach Herkunftsort und Jahrgang grammweise auszuwählen und dann in zentnerschweren gusseisernen Pfannen zuzubereiten. Siebeck war, könnte man sagen, das *missing link* zwischen dem Toast Hawaii und Jamie Oliver.

Mittlerweile hat er eine unüberschaubare Zahl von Nachahmern gefunden, die sich quer durch die Fernsehkanäle kochen – teils allein, teils im Wettstreit gegeneinander. Auf bizarre Weise hat sich dabei der Kreis zum kochenden Exkomiker Siebeck erneut geschlossen: Einer seiner Epigonen ist der zwirbelbärtige Horst Lichter, den man schalkhaft einen Kochmedian nennt. Verstehen Sie nicht? Macht nichts, ich hatte auch Mühen, dahinterzukommen. Es ist eine Mischung aus Koch und Komiker, und Lichter erfreut seine Zuschauer denn auch mit Weisheiten wie dieser: »Wenn dieser Zander gewusst hätte, wie gut er mit Kartoffeln harmoniert, wäre er auf dem Land groß geworden.« Die Deutschen sehen ihm und seinen Kollegen solche Kalauer nach. Stattdessen hängen sie inbrünstig an ihren Lippen und Löffeln. In ihren Küchen und Speisekammern daheim haben sie längst auf eine Weise aufgerüstet, die einen französischen Fünf-Mützen-Chef beschämen würde. Wo es handgepresstes Olivenöl schon im Sonderangebot bei Aldi gibt, müssen es edle sardische Fischpaste oder balinesische Kaffeebohnen sein, die durch den Verdauungstrakt eines Wiesels gegangen sind.

Aber bleiben wir ein wenig im Restaurant. Den älteren russischen Lesern wird aus Sowjetzeiten noch vertraut sein, dass es hier natürlich Regeln gibt, an die sich der Hunger zu halten hat. Dazu gehören etwa feste Essenszeiten. Die amerikanische Unart, dass man alles zu jeder Tages- und Nachtzeit haben kann – sie mag sich inzwischen zwar sogar zumindest in größeren russischen Städten durchgesetzt haben, aber beileibe nicht in Deutschland. Nach 14.00 und vor 18.00 Uhr werden Sie kaum etwas Warmes in den Magen bekommen – es sei denn, Sie begnügten sich mit einem lauwarmen Big Mac. In Restaurants, so sie überhaupt geöffnet sind, wird man Sie mit belegten Broten abzuspeisen versuchen. Daher empfiehlt es sich bei der Planung eines aushäusigen Essens, stets auf den Hinweis zu achten: »Warme Küche bis soundsoviel Uhr.«

Sollten Sie spätabends noch eine Kneipe betreten – und sei es nur auf ein Bier –, dann kann es Ihnen geschehen, dass Sie statt mit einem Gruß vorsorglich mit dem Ruf empfangen werden: »Zu essen gibt's aber nichts mehr.« Das sollten Sie nicht als Unhöflichkeit betrachten. Man will Ihnen lediglich die Peinlichkeit ersparen, sich zu setzen, voll genüsslicher Vorfreude die Karte zu studieren, nur um darauf zu erfahren, dass die Küche bereits geschlossen hat. So aber haben Sie eine, wenn auch verschwindend geringe Chance, in einer anderen Lokalität vielleicht doch noch Ihren Hunger stillen zu können.

Selten werden Sie es erleben, dass Ihr deutscher Tischnachbar oder Ihr Gastgeber bei einer Essenseinladung seinen Teller nicht leer isst. Wenn Sie etwas übrig lassen, dann gilt das als unhöflich, ja, als deutliches Zeichen, dass es Ihnen nicht geschmeckt hat. Da Deutsche im Allgemeinen sehr direkt sind und sich nicht verstellen, wenn ihnen etwas nicht gefällt, wird man Ihre Entschuldigung, Sie brächten beim besten Willen nichts mehr hinunter, weil Sie satt seien, als lahme Ausrede werten. Schließlich ist seit Generationen jedes deutsche Kind der Aufforderung nachgekommen, dass gegessen wird, was auf den Tisch kommt. Generationen unschuldiger Kinder wurde in diesem Zusammenhang gleichsam eine Mitschuld an allen möglichen Klimakatastrophen zugeschoben. Denn nur in Deutschland wurde eine Verbindung zwischen leeren Tellern und meteorologischen Erscheinungen hergestellt: Wenn du nicht aufisst, so heißt es noch heute, dann scheint die Sonne nicht. Die Wissenschaft, selbst die deutsche, ist freilich bislang einen Beweis für diese These schuldig geblieben.

In Restaurants gesellt sich oft die weitverbreitete Volksweisheit hinzu: »Lieber den Magen verrenken, als dem Wirt was schenken.« Das führt dazu, dass in Wirtshäusern oft der Aufnahmefähigkeit des Magens zum Trotz üppigste Portionen verzehrt werden, weil schließlich dafür bezahlt wird. Allerdings erklärt es auch, weshalb es in Deutschland eine Obergrenze für »All you can eat«-Büfetts amerikanischen Zuschnitts gibt. Deutsche Wirte kennen ihre Gäste und deren Aufnahmefähigkeit, wenn sie die Möglichkeit sehen, mit Häppchen ein Schnäppchen zu machen.

Noch ein Wort zu den Restaurants: Sehr merkwürdig werden Ihnen zwei Fragen vorkommen, die Kellner oder Bedienung unweigerlich zusammen mit der Rechnung vorlegen: »Getrennt oder zusammen?« und »Wie viel Brot haben Sie gehabt?« Beide Fragen stehen in einem inneren Zusammenhang. Da in Deutschland selten eine Person eine ganze Gesellschaft einlädt, und größere Gruppen zwar gemeinsam an einem Tisch essen, aber getrennt abrechnen, muss der Kellner sich vergewissern, wer nun für die Leberknödelsuppe aufkommt und wer für den Apfelstrudel. Spannend wird es in diesen Fällen bei der Frage nach dem Brot, das Scheibe für Scheibe bezahlt werden muss. Es gibt kaum ein schöneres Bild, als eine deutsche Tischgesellschaft bei der Denksportaufgabe zu beobachten, wer die zwei Semmeln und wer die einzige Salzstange im Brotkorb gegessen hat.

Glücklicherweise ist die ehedem geschlossene deutsche Gastronomenfront durch ausländische Konkurrenz schon weitgehend aufgebrochen. Zum Griechen, Italiener oder Chinesen geht man allemal lieber als ins heimische Wirtshaus – nicht zuletzt deshalb, weil die fremden Köche sich auf den Geschmack ihrer deutschen Gäste eingestellt haben. Das geht so weit, dass es die – nach deutschem Verständnis – »typische griechische Taverne« eher in Salzgitter als in Saloniki gibt. Wer nur den mit allerlei Tand und Schnickschnack verzierten gemütlichen Griechen daheim kennt, den trifft bei seiner ersten Einkehr in die kahle griechische Originalversion zwischen Schnellstraße und Großbaustelle unweigerlich der Schlag. Dasselbe gilt für Restaurants anderer Nationalität. Inzwischen haben ausländische Wirte sogar auf dem flachen Land klassische Dorfgasthäuser übernommen. Hinter dem Gasthof zur Post verbirgt sich dann ein türkisches Spezialitätenrestaurant Ararat, und in der Deutschen Eiche gibt es chinesisch-vietnamesisch-thailändische Küche. Auf Neudeutsch nennt man das Fusion, wie in der Atomenergie.

Vielleicht werden Sie während Ihres Aufenthalts ins traute Heim einer Familie eingeladen. Die Chancen dafür stehen gar nicht schlecht, denn die Deutschen haben gerne Gäste, zumal wenn sie aus dem Ausland stammen. In diesem Fall sollten Sie alles vergessen, was Sie von zu Hause her gewohnt sind, sofern Sie nicht sich selbst und Ihr Heimatland in schlechten Ruf bringen wollen.

Bevor ich Ihnen detaillierte Anweisungen gebe, zunächst ein grundsätzlicher Rat: Ohne den jahrhundertealten russischen Intellektuellenstreit beleben zu wollen, ob Russland nun eigentlich zum Orient oder zum Okzident zählt, kann man doch mit Fug und Recht behaupten, dass wir einige Punkte zweifellos den östlichen Kulturen abgeschaut haben. Dazu gehören die Begriffe Gastfreundschaft und Gast. Wir verbinden, wie die Chinesen, Inder oder Araber, mit dem Begriff Gast die Vorstellung von etwas Besonderem, Außergewöhnlichem. Mit anderen Worten: In Russland bestimmt der Gast die Regeln, sein Wort ist Befehl, seine Wünsche versucht der Gastgeber zu erfüllen, indem er sie entweder intuitiv erahnt, sie ihm von den Augen abliest, oder sie ihm einfach unterstellt.

Anders in Deutschland: Hier ist der Besucher »nur« der Gast, und als solcher muss er sich dem Gastgeber unterordnen. Ein bisschen spielt hier vielleicht der klassische Satz eine Rolle, den erzürnte deutsche Väter seit Generationen ihren pubertierenden und daher widerborstigen Kindern bei den gemeinsamen Mahlzeiten zuzuschleudern pflegen: »Solange du deine Füße unter meinen Tisch stellst, isst du, was deine Mutter gekocht hat.« Ganz so drastisch wird man sich Ihnen als Gast gegenüber zwar nicht äußern. Aber man wird von Ihnen erwarten, dass Sie keine Kritik an der Küche der Hausfrau üben und herunterwürgen, was auf den Tisch kommt, ohne Rücksicht darauf, ob Sie gegen dieses Gericht allergisch sind.

Soweit die grundsätzliche Regel, die nur wenige Menschen in Deutschland kennen. Wenn Sie sie verinnerlicht haben, kann kaum mehr etwas schiefgehen. Dennoch sollten Sie sich auch die Tipps im Detail zu Herzen nehmen, damit Ihr Besuch ein Erfolg wird.

Tauchen Sie nie, wie Sie es von daheim kennen, uneingeladen bei einer deutschen Familie zur Abendbrotzeit oder zu einem anderen Termin auf. Eine Essenseinladung ist eine ernste Angelegenheit, sie wird geplant und vorbereitet. In Russland schätzt man das Gespräch mit Freunden, was bei dieser Gelegenheit auf den Tisch kommt, hängt vom zufälligen Inhalt des Kühlschranks ab und ist unerheblich. In Deutschland hingegen will der Gastgeber Eindruck machen, und das bedarf einer generalstabsmäßigen Planung.

Kommen Sie unbedingt pünktlich. Zu frühes Eintreffen würde Ihre Gastgeber in größte Verlegenheit stürzen, weil der Braten noch in der Röhre, die Hausfrau nicht umgezogen ist und die Gläser noch nicht poliert sind. Erscheinen Sie zu spät, besteht die Gefahr, dass das kunstvoll durchkomponierte und an feste Verzehrzeiten gebundene Menü verschmort oder kalt wird. Vergessen Sie nicht: Man will Ihnen etwas Besonderes bieten, und da sollten Sie für den reibungslosen Ablauf schon Ihren kleinen Beitrag leisten.

Aber Vorsicht: In vielen deutschen Haushalten wird abends kalt gegessen. Es kann Ihnen also passieren, dass Sie zum Abendbrot nur ein paar Häppchen erhalten. Die mögen zwar mit erlesenen Leckereien wie Lachs oder Kaviar belegt sein – man will schließlich zeigen, was man hat –, aber satt werden Sie davon nicht. Unglücklicherweise weiß man selten vorher, was einen erwartet: belegte Brote oder ein viergängiges Diner? Wenn Sie jedoch schon einschlägige Erfahrungen mit dem jeweiligen Gastgeber gemacht haben, dann sollten Sie sich unterwegs schnell ein paar Würstchen an der Bude kaufen.

Begrüßt werden Sie vom Gastgeber unweigerlich mit Handschlag. Warum auch sollten an der Haustür andere Umgangsformen gelten als am Arbeitsplatz, auf der Straße oder an anderen öffentlichen Plätzen? Die Deutschen sind Händeschüttler mit Leib und Seele. Dabei gab es nie ideologische Gegensätze zwischen kapitalistischen und kommunistischen Deutschen. Im Gegenteil: In der DDR schaffte es der Händedruck sogar ins Wappen der Sozialistischen Einheitspartei Deutschlands. SED-Führer mussten zwar küssen, wenn die Chefs aus Moskau zu Besuch kamen. Aber daheim war ihnen Händeschütteln offensichtlich lieber.

Geschüttelt wird ordentlich der Reihe nach: Mann mit Mann, Frau mit Frau, Mann eins mit Frau zwei, Mann zwei mit Frau eins. Schon bei zwei Ehepaaren gibt es zahlreiche reizvolle Kombinationen, vor allem wenn Sie wissen, dass es unheilbeschwörend ist, sich über Kreuz die Hände zu reichen. Sie können sich dem Ritual nur durch einen Gipsverband oder den rasch vorgebrachten Hinweis entziehen, sie litten unter einem hochansteckenden Hautausschlag. Sonst aber gilt: Wenn Sie Ihre Rechte nicht freiwillig und schnell vorstrecken, wird man sie sogleich ergreifen und erbarmungslos aus dem Ärmel ziehen.

Früher, als die Menschen vernünftiger waren, gab es einen einleuchtenden Grund, seinem Gegenüber die Hand zu schütteln: Auf diese Weise überprüfte man, ob er keine Waffe in der Rechten verbarg. Allerdings dient der Händedruck auch heute noch vielen Deutschen als erster und ausschlaggebender Test, welchen Charakters sein Visavis ist. Als Faustregel gilt: Je fester der Händedruck, desto aufrechter und ehrlicher der Mann. Wer sein Händchen hingegen wie ein welkes Blatt darreicht, gilt gemeinhin als charakterschwache Memme. Drücken Sie also so fest Sie können zu, selbst wenn Sie Ihre Hand in einem Schraubstock für immer zu verlieren glauben.

Bei längerer Bekanntschaft mit Ihrem Gastgeber ersparen Sie sich zumindest einen Teil der Händedrücke. Denn in den letzten Jahren hat sich der auf die Wange gehauchte Kuss als Begrüßungsritual durchgesetzt. Beachten Sie dabei bitte meine Formulierung: auf die Wange gehaucht. Die bei Russen üblichen bärenartigen Umarmungen würden bei Ihren deutschen Freunden vermutlich Befremden auslösen. Zudem dürfen Sie ohnehin nur die Gastgeberin und andere allfällig anwesende Damen küssen. Denn der deutsche Mann küsst keinen anderen Mann, es sei denn, er wäre schwul, und dafür gelten andere Benimmregeln.

Sie haben nun glücklich die Schwelle zur Wohnung überwunden, massieren unauffällig Ihre Hand und nähern sich allmählich dem Essen. Ob Häppchen oder

Festmahl – der Vorgang des Abendessens ist viel förmlicher, als sie es von zu Hause gewohnt sind, ganz einfach *kulturnij*. Vermeiden Sie es daher unbedingt, während des Essens zu rauchen, weil Sie einfach ein Päuschen einlegen wollen. Die Zigarette gibt es allenfalls zwischen den Gängen oder nach dem Essen. Mancherorts kann es Ihnen widerfahren, dass Sie zum Rauchen auf den Balkon oder ins Treppenhaus komplimentiert werden. Und halten Sie sich, wie schwer es Ihnen auch fallen mag, mit den Getränken zurück. Der Wein wird vom Gastgeber ausgeschenkt und ist genau bemessen. Halten Sie nicht die Weißweinflasche fest, die zusammen mit den Vorspeisentellern abgeräumt wird; als Nächstes wird Rotwein zum (roten) Fleisch kredenzt – eine Flasche für den ganzen Tisch. Überhaupt: Anders als bei Russen gilt ein mit allen möglichen Vor-, Haupt- und Nachspeisen überladener Tisch als unzivilisiert. Gegessen wird streng der Reihe nach, ordentlich eben.

Bei den Mitbringseln sollten Sie russische Standards vergessen. Verkneifen Sie es sich, ein gebratenes Huhn zum Abendessen mitzubringen. Was in Russland ein hochwillkommener Beitrag zu einer reichhaltigen Tafel ist, wäre in Deutschland ein folgenschwerer Fauxpas. Man würde Ihnen vermutlich unterstellen, dass Sie der Kochkunst der Gastgeberin von vornherein misstrauen und sich daher sicherheitshalber Ihr eigenes Essen mitgebracht haben.

Grundsätzlich gilt für Geschenke: Gehen Sie auf Nummer sicher, überlegen Sie sich nichts Ausgefallenes. Mit Pralinen, Blumen, einer Flasche Wein liegen Sie stets richtig. Kaufen Sie Getränke aber um Himmels willen nicht nach russischem Prinzip: eine Flasche Wodka für die Herren, einen Likör für die Damen und eine Buddel *Schampanskoje* für alle zum Runterspülen. Harte Getränke sind bei vielen Deutschen aus Gesundheitsgründen verpönt, und Champagner trinkt man eher zu besonderen Anlässen – und das ist Ihr Besuch ganz sicher nicht, weil er nicht mit Kindstaufen und Hochzeiten konkurrieren kann.

Bevor Sie zu Tisch gebeten werden, wird man Ihnen – sofern es Ihr erster Besuch ist – vielleicht zunächst die Wohnung oder das Haus der Gastgeber vorführen. Das mag Ihnen ungewöhnlich vorkommen, denn bei Ihnen in Russland geht man schnurstracks in die Küche, wo man den Rest des Abends verbringt. Der Rest der Wohnung ist – einmal abgesehen von der Lage des Badezimmers – uninteressant. Das ist im Prinzip auch in Deutschland so, wird aber von den Gastgebern nicht so gesehen – zumal wenn sie stolze Eigenheimbesitzer sind. Vom Keller bis zum Dachboden, vom Hobbyraum bis zum Schlafzimmer wird man Ihnen jeden Winkel und jede Ecke zeigen.

Diese Führung kann etwas länger dauern, da sie mit Erklärungen und Anekdoten angereichert wird: wie günstig man diesen Teppichboden erstanden hat, wie Vater beim Tapezieren des Kinderzimmers in den Eimer mit dem Kleister getappt ist und wie man auf dem Basar von Tunis um den prächtigen Kamelhocker gefeilscht hat, über den man auf dem Weg zum Lokus nun ständig stolpert. Von Ihnen erwartet man bei dieser Präsentation nichts weiter als ergriffenes Nicken. Selbst ein bisschen Neid dürfen Sie zeigen, das freut den stolzen Hausbesitzer, der es zu etwas gebracht hat. Loben Sie! Wenn das Eigenheim in einer abgeschiedenen Gegend liegt, wo sich Fuchs und Hase Gute Nacht sagen, rühmen Sie die himmlische Ruhe und die frische Luft. Verstehen Sie hingegen Ihr eigenes Wort nicht wegen des von der Schnellstraße vor dem Fenster heraufbrandenden Verkehrslärms, heben Sie die zentrale und verkehrsgünstige Lage hervor.

Eine besondere Rolle spielen bei diesen Gelegenheiten Haustiere. Auch hier heißt es: Bleiben Sie höflich, bewahren Sie die Ruhe, zollen Sie den kleinen vierbeinigen oder gefiederten Freunden Ihrer Freunde gebührende Aufmerksamkeit. Versuchen Sie zu lächeln, wenn sich der Dobermannrüde in Ihre Hose verbissen hat, und nicken Sie tapfer bei der Beteuerung seines Herrchens, dass er nicht schnappt. Unterbrechen Sie Ihre Erzählungen auch dann nicht, wenn sich der Wellensittich in Ihrem Haupthaar festkrallt oder sein Federkleid in Ihren Suppenteller ausschüttelt. Man wird Ihnen Tierliebe attestieren, und ein schöneres Kompliment haben Deutsche kaum zu vergeben.

Manchmal werden Sie zum Nachmittagskaffee eingeladen. Prinzipiell empfehlen sich dieselben Verhaltensweisen wie für das Abendessen, nur dass Sie in diesen Fällen auch das von der Hausfrau oft selbst hergestellte Backwerk loben sollten. Aus nicht näher erforschten Gründen adelt der gelungene Kuchen weit mehr als der leckere Braten die deutsche Hausfrau. Der Ehrlichkeit halber muss gesagt werden, dass der deutschen Konditorkunst – ob nun professionell oder laienhaft betrieben – bemerkenswerte Kreationen gelingen.

Wie wichtig das Ritual von Kaffee und Kuchen gerade an Wochenenden ist, können Sie selbst bei einem Spaziergang am Sonntagnachmittag feststellen: In allen Städten werden Sie Menschen sehen – meist sind es Männer –, die auf der ausgestreckten flachen Hand kunstvoll verpackte Päckchen balancieren. Ihr erster Eindruck, dass es sich wahrscheinlich um Angehörige einer okkulten Sekte handelt, die feierlich Opfergaben zu einem nicht weit entfernten Altar schaffen, ist verfehlt. Es handelt sich um Familienväter, die von ihren Frauen ausgeschickt wurden, Schwäbischen (gedeckten) Apfelkuchen, Spanische Vanillecremetorte oder Schwarzwälder Kirschtorte aus der Konditorei zu holen, derweil daheim der Kaffee durch den Filter tröpfelt. Ganz daneben liegen Sie mit Ihrer Vermutung von der Sekte indes nicht, denn das Zeremoniell von Kaffee und Kuchen hat in Deutschland fast den Status einer religiösen Handlung.

Ein Wort sollten wir noch zur deutschen Trinkkultur verlieren, die allerdings sehr hinter den russischen Trinksitten hinterherhinkt. Das bedeutet freilich nicht, dass man das Trinken nicht ernst nehmen würde. Im Gegenteil: Deutschen ist es gelungen, Jahrhunderte westlicher und östlicher Philosophie so weit zu destillieren (und selten passte dieses Verb besser), dass sie in sieben Worten Platz finden: Dienst ist Dienst und Schnaps ist Schnaps. Wir wissen ja schon, wie pflichtbewusst der Deutsche seinen Dienst ausübt, und auf den ersten Blick scheint er mit der Redewendung sagen zu wollen, dass der Schnaps die Antithese des Dienstes ist, quasi das enthemmte, animalische Yang zum disziplinierten, übermenschlichen Yin. Doch wenn man genau hinsieht, ergibt sich ein anderes Bild: Der Schnaps ist dem Dienste gleichwertig – man muss beide Seelen- und Gemütszustände nur strikt voneinander trennen.

Russen und anderen Völkern gelingt dieses Kunststück nicht immer und wenn, dann nur bedingt.

Ein Beispiel: Der russische Milizionär wird es nicht ausschlagen, wenn man ihm an einem kalten Tag ein Gläschen Wodka offeriert. Auch zwei, drei oder mehr Gläser wird er unbeschwerten Gewissens konsumieren, bevor er seine Streifenfahrt im Dienstwagen fortsetzt. Er ist ja auch nur ein Mensch, und wer weiß, wann und wo der nächste Schnaps auftauchen wird.

In Deutschland aber kennt jedes Kind, das nur einmal einen Tatort oder einen anderen Krimi gesehen hat die Szene, in welcher der Schupo oder der Kriminalbeamte höflich, aber mit den Worten »Vielen Dank, aber ich bin im Dienst« ihm kredenzte Alkoholika zurückweist. Das kann mit leicht entrüstetem Unterton geschehen, der anklingen lässt, dass er einen Bestechungs- oder gar Betäubungsversuch unterstellt. Oder er kann diesen Satz mit einem klitzekleinen Augenzwinkern herausbringen, das andeutet, dass er nichts dagegen hätte, ein ganzes Fläschchen mit der betreffenden Person zu teilen – nur eben zum richtigen Zeitpunkt: nach Dienstschluss.

In der Redewendung steht Schnaps stellvertretend für jede Art von alkoholischem Getränk. Mit Vorliebe trinkt der Deutsche ohnehin – meist zur ausführlich beschriebenen deutschen Wurst – natürlich deutsches Bier, auf das Sie sich wahrscheinlich schon vor Antritt Ihrer Reise – zu Recht – gefreut haben. Wie bei der Wurst gibt es hier gravierende regionale Unterschiede – vom bitteren Pils im Norden über das kleine Kölsch im Westen bis hin zur Maß in Bayern. Das nach dem Reinheitsgebot gebraute Bier war neben der Deutschen Mark der zweite Grundpfeiler deutschen Nationalstolzes, an dem Außenstehende nicht gefahrlos rütteln durften – eigentlich auch nicht die Eurokraten in Brüssel.

Am meisten bilden sich übrigens die Bayern auf ihr Bier ein, was weder auf den ersten noch auf den zweiten Schluck unbedingt gerechtfertigt erscheint. Sicher ist, dass kein deutscher Volksstamm eine größere Menge Bier zunächst ins Glas und dann in sich hineinschüttet: Minimum ist ein halber Liter, doch ein richtiger Mann tut es nicht unter einem ganzen Liter gelblicher Flüssigkeit, die, wenn man sie nicht in Rekordgeschwindigkeit trinkt, recht bald so schal schmeckt wie vermutlich eine andere gelbliche Flüssigkeit, die im Allgemeinen Körpertemperatur hat.

In erster Linie freilich rührt Bayerns Bier-Hochmut daher, dass dieses Land als Erstes ein allgemein gültiges Reinheitsgebot eingeführt hat, das nicht nur für eine bestimmte Brauerei oder Stadt galt. Bis heute ist man dem guten Herzog Georg dem Reichen dankbar für seine Verfügung, dass ins Bier nur Hopfen, Malz und Wasser gehörten. Unter Hinweis auf den bierseligen Schorsch konnten Generationen bayerischer und deutscher Brauer sich lästige ausländische Konkurrenz vom Leibe halten. Sie selbst hielten sich freilich auch nicht immer so treu an das herzogliche Basisrezept. Im echten bayerischen Weizenbier beispielsweise steckt nämlich – richtig: Weizen, und von diesem Getreide ist nirgendwo im Reinheitsgebot auch nur ein Wort erwähnt.

Aber in Deutschland trinkt man nicht nur Bier, sondern auch Wein, der keineswegs zu verschmähen ist – egal ob er von Rhein, Main, Mosel oder Nahe stammt. Nach der Wiedervereinigung sind jetzt auch die raren sächsischen Elbweine wieder allgemein zugänglich, die einst exklusiv der alten DDR-Nomenklatura vorbehalten waren.

Glaubt man der Statistik, dann stehen die deutschen Trinker dem russischen Zecher gar nicht so sehr nach. Im Schnitt schluckt ein Deutscher jedes Jahr 125 Liter Bier – und liegt damit an dritter Stelle in der Welt nach den – logisch – Tschechen und den Iren. Der Durchschnittsbayer bringt es – ebenso logisch – auf 200 Liter. Weniger natürlich ist, dass die Deutschen inzwischen mit 191 Liter pro Kopf und Jahr mehr Reben- als Gerstensaft wegschlucken. Rechnet man Schnäpse und Liköre hinzu, dann rinnen alljährlich 10,5 Liter reinen Alkohols durch jede deutsche Kehle – Säuglinge statistisch eingeschlossen. Umgerechnet ergibt das für jeden Erwachsenen acht Korn oder eine Flasche Wein beziehungsweise zwei Liter Bier am Tag.

Bei diesen Zahlen überrascht dann auch eine andere Umfrage nicht: Aus ihr ging hervor, dass die Deutschen in ihrer Mehrheit lieber auf Sex verzichten würden als auf Alkohol. Mehr als ein Drittel der Deutschen ist demnach regelmäßig betrunken und mag sich ein Leben ohne Alkohol nicht mehr vorstellen – und schon wieder haben wir eine Parallele zwischen dem rätselhaften deutschen und dem mysteriösen russischen Volk.

Wirklich rätselhaft ist allerdings das Phänomen des Schunkelns, das einer der Ausdrücke typisch deutscher Gemütlichkeit ist. Nüchtern wird so gut wie nie geschunkelt, sondern so gut wie ausschließlich nach dem Genuss alkoholischer Getränke. Dies ist insofern erstaunlich, als jeder vernünftige Mensch ruckartige oder gar schaukelnde Bewegungen zu vermeiden trachtet, wenn er mehr oder weniger angeschickert ist. Ich meine: Ins Wanken gerät man in bezechtem Zustand unweigerlich von selbst, ohne dass man dies zusätzlich verstärken müsste. Oder entstand das Schunkeln etwa einst als eine Art von Mutprobe germanischer Männer, die sehen wollten, wem als Erstem schlecht wurde? Ist es ein genetischer Reflex, der nach der Zufuhr einer bestimmten Menge an Alkohol aktiviert wird, so wie ein Bein im Reflex nach oben schnellt, wenn mit dem Hämmerchen ein Nerv am Knie getroffen wird? Niemand weiß es. Für deutsche Wissenschaftler wäre es ein dankenswertes Forschungsfeld.

Streng regulierte Schnäppchenjagd: die Shopping-Champions

Sehr billig wird Ihr Deutschlandaufenthalt, wenn Sie Samstagnachmittag eintreffen und Ihre Weiterreise für Montagmorgen planen. Dann kommen Sie nämlich überhaupt nicht in Versuchung, Geld für Geschenke oder Souvenirs auszugeben, denn alle Geschäfte sind in dieser Zeit geschlossen. Gespenstisch leer und ruhig sind die Innenstädte, nur ein paar Passanten ziehen wie versprengte Nomaden durch die Fußgängerzonen und starren auf die so nahen und doch so unerreichbaren Auslagen. Schaufensterbummel nennen die Deutschen diesen unbefriedigenden Zeitvertreib. Früher frönten sie ihm, weil sie kein Geld hatten, heute, weil ihnen niemand ihr Geld abnehmen möchte, wenn sie Zeit und Lust dafür hätten. Nur Konditoreien sind Sonntags selbstverständlich geöffnet, wie Sie bereits festgestellt haben. Aber sie stillen ein ähnlich elementares Grundbedürfnis wie die Strom- oder Wasserwerke, die ja auch nicht am Wochenende den Saft abdrehen.

So enttäuschend die traurige Shopping-Erfahrung für Sie auch sein mag, Sie haben etwas daraus gelernt: Auch für das Einkaufen gilt in Deutschland, dass Sie mit Impulsivität und Spontaneität rasch an Grenzen stoßen. Shopping will geplant sein, denn in der Bundesrepublik ist genau geregelt, wann Sie einkaufen dürfen und wann nicht. Abends um acht schließt das Wirtschaftswunder, samstags ist mit Ausnahme der Adventszeit vielerorts um vier Uhr Feierabend, und an Sonn- und Feiertagen hält Friedhofsruhe Einzug in die Geschäftszentren. Pech für Sie, wenn Sie vergessen haben, rechtzeitig Milch, Butter oder Brot zu besorgen. Versuchen Sie Ihr Glück an einer Tankstelle oder richten Sie sich auf ein karges Wochenende ein. Auch an Arbeitstagen kann es eng werden, wenn Sie die Mittagspause für Besorgungen verwenden wollen: Zu dieser Stunde schließen nämlich vorzugsweise viele Lebensmittelgeschäfte.

Immerhin scheint man sich in Deutschland für diese biedermeierlichen Gebräuche mittlerweile ein wenig zu schämen. Das hat mit einem deutschen Urkomplex zu tun: Man möchte so gern gewandt und weltläufig auftreten wie die Briten, die Amerikaner oder wenigstens die Franzosen. Nichts fürchtet man so sehr, wie wenn man als hinterwäldlerischer Provinzdepp abgestempelt wird. Die Einkaufszeiten aber sind recht kleinkariert, was wiederum einen schlechten Eindruck gemacht hätte, wenn zur Fußballweltmeisterschaft Gäste aus aller Welt an heruntergelassenen Rollläden abgeprallt wären. Das Land gab sich deshalb einen Ruck und genehmigte Öffnungszeiten, nein, nicht rund um die Uhr, aber zumindest bis zehn Uhr abends.

Doch wenn Sie nun glauben sollten, dass die entspannteren Einkaufszeiten dem Verbraucher noch immer ein enges Korsett anlegen, dann täuschen Sie sich. Denn es ist noch gar nicht lange her, da gingen die Rollos schon um halb sieben herunter, und samstags war um zwei Uhr Ladenschluss. Es bedurfte eines herkulischen Kraftaktes der mächtigsten politischen Kräfte des Landes, vergleichbar nur mit der Wiedervereinigung oder einer Mondlandung, um das Ladenschlussgesetz von 1956 wenigstens ein bisschen zu reformieren. Bezeichnend für die besonderen Schlaf- und Wachgewohnheiten der Deutschen ist folgendes Detail: In den frühen Morgenstunden war der Gesetzgeber schon immer großzügiger als am Abend. Jetzt kann man, wenn man will, mancherorts schon ab sechs Uhr einen Anzug kaufen. Sie würden sich wundern, wie viele Deutsche zu dieser nachtschlafenden Zeit schon auf den Beinen sind, auch wenn sie nicht unbedingt auf der Suche nach Herren- oder Damenoberbekleidung sind.

Wenigstens wurde bei dieser Gelegenheit auch gleich die deutsche Sonderheit des Sonntagsbackverbotes gestürzt. Man stelle sich vor: Parlamente kamen und gingen, Kanzler wurden gewählt und abgewählt, Generationen von Bäckern standen unter Strafandrohung, und endlich, endlich gab es auch in Deutschland am Sonntagmorgen frische Brötchen. Wahrlich: Der deutsche Mensch geht jeder Sache auf den Grund.

Wenn Shopping rund um die Uhr einen zivilisatorischen Quantensprung bedeutet, dann ist Moskau gemeinsam mit New York, Tokio oder London den Deutschen schon immer mehr als eine Nasenlänge voraus gewesen. Denn selbst in Zeiten der ärgsten Defizite stand es Sowjetbürgern frei, spontan zu fast jeder Tageszeit mit leerem Beutel loszuziehen. Wenn sie mit leeren Händen zurückkehrten, dann jedenfalls nicht, weil das Kaufhaus GUM die Rollläden heruntergelassen hätte, sondern weil die Regale leer waren. Wenn sich viele Russen heute das Einkaufen abgewöhnt haben, dann liegt es mitnichten an geschlossenen Geschäften, sondern am Defizit im Geldbeutel.

Sollten Sie sich länger in Deutschland aufhalten, dann werden Sie zunächst fassungslos, dann mitleidig und schließlich wütend auf diese Reglementierung reagieren. Es wird Ihnen alles nichts nützen, denn nach der unter Mühen auf den Weg gebrachten Reform wird es wieder ein paar Jahrzehnte bis zum nächsten Schritt in die Einkaufsfreiheit dauern.

Regen Sie sich nicht auf, sondern ordnen Sie sich ein. Lernen Sie von den Deutschen, denn die sind trotz oder vielleicht wegen der Einschränkung Weltmeister im Einkaufen. Vielleicht hält ein wohlmeinender Staat ja nur deshalb am Ladenschlussgesetz fest, weil damit der totale, der unkontrollierte Konsumrausch verhindert werden kann. So betrachtet, wäre das Gesetz mit den festen Schankzeiten zu vergleichen, welche die britische Regierung einst gegen den Widerstand der Bevölkerung einführte, um die Bestie Alkohol zu zähmen.

Schon jetzt gehört das Einkaufen zu den Lieblingsbeschäftigungen der Deutschen. Erstaunlicherweise war dies auch das erste Feld, auf dem noch vor der offiziellen Wiedervereinigung alle Unterschiede zwischen West- und Ostdeutschen verschwanden. Vor Neckermann und Karstadt wurden alle Deutschen gleich, IKEA-Läden sind veritable Wallfahrtsorte vor den Toren der Städte in Ost und West, und der einstige Slogan der Elektronikkette Mediamarkt könnte fast ein gesamtdeutsches, alle Konfessionen überwindendes Glaubensbekenntnis sein: Geiz ist geil. Denn einkaufen macht schließlich nur Spaß, wenn man mit jedem ausgegebenen Euro Geld spart. So mancher DDR-Bürgerrechtler mit mehr oder weniger stark empfundener sozialistischer Nostalgie hat diese Konsumerfahrung auf den Punkt gebracht. Bärbel Bohley nannte die Vereinigung von BRD und DDR einmal bitter einen »Konsumputsch«. Und der umstrittene Ost-Schriftsteller Stefan Heym meinte resignierend, dass die einzige erfolgreiche Revolution in der Geschichte Deutschlands »unter den Grabbeltischen von Hertie begraben« worden sei. Wenn Sie nun annehmen, dass diese Damen und Herren vielleicht ein klein wenig zu naiv, gutgläubig und blauäugig dem Westen in die Arme gefallen sind, dann liegen Sie nicht ganz falsch. Joachim Gauck, der später eine Behörde leitete, die sich ausschließlich der Aufarbeitung der ostdeutschkommunistischen Vergangenheit widmete (was Russen zwangsläufig merkwürdig vorkommt. Sie wissen, was sie finden, wenn sie einen Stein hochheben, und deshalb lassen sie ihn lieber gleich liegen), dieser Herr Gauck also, brachte die Ernüchterung noch prägnanter auf den Punkt: »Wir träumten vom Paradies«, sagte er einmal mit unverhohlenem Erstaunen, »und wachten auf in Nordrhein-Westfalen.« Dass so mancher Rheinländer oder Westfale dies nicht unbedingt als Gegensatz oder gar Widerspruch sehen würde, das kam ihm nicht in den Sinn.

Da sich Ossis und Wessis in ihrem Kaufverhalten kaum mehr unterscheiden, muss es sich hier um eine genetische Veranlagung handeln, die auch vierzig Jahre sozialistisch verwalteter Mangelwirtschaft nicht ausrotten konnten. Sie werden nämlich bemerken, dass der Einkauf für einen deutschen Menschen eine ernsthafte Sache ist. Das gilt vor allem für größere Anschaffungen wie technische Geräte oder Autos.

Sie sollten sich einmal den Spaß machen und als Zaungast in einem Elektrofachgeschäft dem Gespräch des Verkäufers mit dem Kunden zuhören, der eine Stereoanlage zu erwerben sucht. Schon bald werden Sie nicht mehr erkennen, wer von beiden der größere Fachmann ist. Da ist von Klirrfaktoren und Frequenzen die Rede, von Dolby, THD und Wattstärken, als ob zwei TU-Professoren miteinander fachsimpelten. Offensichtlich belegen viele Deutsche einen einschlägigen Fernkurs, bevor sie den Erwerb einer komplizierteren Apparatur ins Auge fassen.

Allerdings wird eine Anschaffung nicht immer so ernsthaft verfolgt, ebenso wenig ist sie banal mit dem Erwerb eines Produktes verbunden. Vielmehr empfinden inzwischen viele Deutsche den Kauf selbst schlicht als ein Erlebnis. Studien haben ergeben, dass Warenhäuser weitaus mehr Anziehungskraft ausüben als Volksfeste oder gar Kinos. Sie rangieren ganz oben auf der Liste städtischer Freizeitangebote. Wer das mühselige Jäger- und Sammlerdasein des sowjetischen Verbrauchers kennengelernt hat, wird es zwar nur schwer verstehen, aber ein Ausflug mit der ganzen Familie ins örtliche Einkaufszentrum gehört zu den Höhepunkten des Jahreslaufes. An verregneten Sonntagen werden Sie mehr Deutsche in Möbelhäusern als in Museen finden – denn Einrichtungsgeschäfte dürfen als Einzige am Tag des Herrn ihre Pforten öffnen. Zum Probewohnen, versteht sich, nicht zum Verkauf. Museen haben zudem gegenüber Möbelläden den Nachteil, dass man in ihnen noch nicht einmal auf ausgestellten Thronsesseln oder mittelalterlichen Himmelbetten probesitzen oder -liegen darf.

Wenn Sie nicht einschlägige Erfahrungen etwa bei der Evakuierung eines Bürgerkriegsgebietes oder als Großwildjäger bei einer Büffelstampede gemacht haben, dann vermeiden Sie einen Besuch deutscher Innenstädte vor langen Wochenenden oder vor Feiertagen. Dann nämlich ergibt das enge Zusammenspiel von Kauflust und Ladenschlusszeiten einen Run auf die Kaufhäuser, bei dem nur die Alten, Kranken und Gebrechlichen in den verwaisten Außenbezirken zurückgelassen werden. Der Gedanke, zwei, drei Tage lang nichts einkaufen zu können, feuert den deutschen Konsumenten zu Höchstleistungen an. Vor allem Lebensmittel werden in Mengen abgeschleppt, als gelte es, Notrationen für das Überleben in einem langen nuklearen Winter einzubunkern.

Erschwerend kommt wohl der deutsche Hang zur Perfektion hinzu. Nichts, rein gar nichts darf vergessen werden. Es könnte ja sein, dass Tante Martha am Ostermontag vorbeischaut, und die Kaffeesahne ist ausgegangen. Wie stünde man dann vor ihr da? Als unordentlich, nachlässig und vergesslich. Sie mögen darüber lächeln und an russische Gelassenheit und Improvisationskunst denken. Sie sind vielleicht der Meinung, dass es größere Katastrophen im Leben gibt als Kaffee ohne Milch. Das ist schon richtig, aber haben Sie nicht immer die Deutschen ein wenig um ihre Perfektion beneidet? Nun, die fängt im Kleinen an und hat genauso ihren Preis wie russischer Schlendrian.

Apropos Lebensmittel: Oft werden Sie deutsche Freunde lamentieren hören, dass es keinen Tante-Emma-Laden mehr gibt. Das bezieht sich nicht auf ein Familienmitglied zweiten Grades, sondern auf einen Typus von kleinem Gemischtwarenladen, den es in grauer Vorzeit einmal in Deutschland gab und der in der kollektiven Nationalerinnerung unweigerlich von freundlichen alten Muttchen mit ergrautem Haarknoten betrieben wurde. Den Garaus machten diesen Geschäften Supermärkte und deren Kunden (darunter vermutlich auch Ihr wehklagender Freund), die es vorzogen, einmal in der Woche mit dem Auto zum billigen Großeinkauf vorzufahren, anstatt sich tagtäglich in einem vollgestopften dunklen Krämerladen die Grundnahrungsmittel zusammenklauben zu müssen.

Dennoch hat die romantische deutsche Seele Tante Emma und ihrem Laden einen verklärten Ehrenplatz reserviert – irgendwo zwischen verwunschenen Märchenwäldern und verwinkelter Biedermeieridylle. Wahrscheinlich steckt dahinter die Sehnsucht nach einer verlorenen Unschuld, ebenso wie in den Erzählungen von der Toto/Lotto-Annahmestelle, mit der früher Fußballspieler nach ihrer aktiven Zeit ihr Leben fristeten. Nehmen Sie solche romantischen Wallungen nicht zu ernst. Auch Ihr Freund weiß, dass Bundesligaspieler heute schon mit Mitte zwanzig Aktienportfolios in Millionenhöhe bewegen und dass auf Tante Emma längst Onkel Hüsein gefolgt ist, der türkische Gemüsehändler, der knallhart die Marktnische mit dem ungespritzten Ökoobst verteidigt.

In den meisten deutschen Städten befinden sich die Kathedralen des Konsums in den Fußgängerzonen.

Keine Angst, Sie brauchen nicht zusammenzuzucken. Das Wort Zone hat im Deutschen nicht denselben Klang wie in Russland, wo mit diesem Begriff Strafkolonien nördlich des Polarkreises oder radioaktiv verseuchte Gebiete bezeichnet werden. (Übrigens: Umgekehrt verhält es sich mit dem Wort Lager, das im Deutschen negativ besetzt ist. Um keinen falschen Eindruck zu erwecken, sollten Sie es vermeiden, davon zu sprechen, dass Sie Ihre schönsten Kindheits- und Ferienerinnerungen mit einem Arbeitslager auf der Krim oder im Kaukasus verbinden.)

Kommen wir zurück zu den Fußgängerzonen. Sie wurden ab Ende der Sechzigerjahre in den Innenstädten eingeführt, weil die Stadtväter des Verkehrs nicht mehr Herr wurden. Was als Neuheit angepriesen wurde, war nichts anderes als die Rückkehr zu jenen Zeiten, in denen das Stadtzentrum dem Fußgänger allein gehörte, auf dass er in Ruhe und ungestört seine Einkäufe erledige.

Wenn Sie sich eine Zeit lang in einer Einkaufsgegend umgesehen haben, werden Sie zwangsläufig zur Überzeugung gelangen, dass die Deutschen ein Volk hypochondrischer, koffeinsüchtiger Schuhfetischisten sind. Denn jeder zweite Laden scheint eine Apotheke zu sein, jeder dritte ein Schuhgeschäft, und dazwischen sind großzügig Stehausschänke gestreut, wo von früh bis spät Kaffee getrunken wird. Ebenfalls strategisch gut gelegen sind zahlreiche Wurst- und Döner-Buden. In einer deutschen Fußgängerzone ist jede Gefahr einer Hungersnot im Ansatz gebannt. Niemand muss im Durchschnitt mehr als hundert Schritte zurücklegen, bevor er sich erneut verproviantieren kann.

Obwohl sie sich eigentlich gegenseitig Geld und Kunden abgraben und zudem Opfer einer Gesundheitsreform wurden, leben die Apotheker nach wie vor sehr gut. Denn der Kundenstrom reißt nie ab, weil nichts für den Deutschen außer der Kneipe eine größere Anziehungskraft zu haben scheint als die Apotheke. Hier vermutet er offenbar den Gral ewiger (oder meinethalben nur langjähriger) Schönheit, Jugend und Gesundheit. Der Apotheker selbst ist eine studierte Respektsperson wie der Arzt, er genießt Vertrauen, und auch er trägt einen weißen Kittel, aber man kann ihn ohne lange vorher vereinbarten Termin aufsuchen.

Warum es allerdings derart viele Schuhgeschäfte gibt, ist eines der großen ungelösten Rätsel unserer Zeit. Es wird noch vertrackter durch die Tatsache, dass die Deutschen – wie wir bereits gesehen haben – ihre Füße ohnehin kaum mehr zum Gehen benutzen. Internationalem Standard freilich entspricht es, dass mittlerweile Handy-Anbieter jede frei werdende Geschäftsimmobilie belegt haben.

An dieser Stelle sollten wir vielleicht kurz auf das Modebewusstsein der Deutschen eingehen. Um es höflich zu formulieren: Deutschland hat der Welt zwar mit einer Frau wie Claudia Schiffer eine Modeikone geschenkt; deutsche Männer und Frauen freilich sind im Großen und Ganzen keine Modepüppchen. Anders als eitle Südländer, die jede Mode mitmachen und sich geckenhaft in jeder reflektierenden Fläche bewundern, ist der Deutsche auch bei der Kleidungswahl pragmatisch, praktisch und vernünftig. Passen müssen die Sachen, bequem sollen sie sein, und vor allem pflegeleicht.

Im Idealfall lassen sich die Hose, der Rock oder das

Jackett beliebig variieren und zu den verschiedensten Gelegenheiten tragen. Das dürfte einer der Gründe für die Beliebtheit von Cord sein: Er hält warm bei Bergwanderungen an kühlen Herbsttagen und sieht auch beim Vorstellungsgespräch für den neuen Job meist recht adrett aus.

Deutschlands Beitrag zur globalen Couture ist denn auch der Parka. Wind- und wetterfest, mit geräumigen Taschen, herausknöpfbarem Futter und abnehmbarer Kapuze erfüllt er alle Voraussetzungen einer modischen Allzweckwaffe. Es ist wohl kein Zufall, dass der Romantiker Adelbert von Chamisso Wort und Jacke in Deutschland einführte, verkörperte er doch die beiden Seelen, die in jedes Deutschen Brust wohnten – und als geborener Franzose ist diese Leistung besonders bemerkenswert: das Praktische und das Verträumte. Denn Chamisso war nicht nur ein sensibler Dichter, sondern auch Botaniker und Naturforscher, der mit einer russischen Expedition die Welt umsegelte – und von dort den Parka mitbrachte.

Über diesen ausgeprägten Sinn fürs Praktische verfügte wohl auch der schwäbische Schneidermeister Hugo Boss. Nachdem er die Kader des sogenannten Dritten Reichs mit todeleganten (im Wortsinn) Uniformen für die SS und die Wehrmacht beliefert hatte, sattelte er nach dem Krieg auf nicht minder schicke, aber praktische Herrenanzüge um, die einen ähnlichen Siegeszug rings um den Globus angetreten haben wie grüne Bundeswehrparkas mit schwarz-rot-goldener Flagge. Mich erinnert das immer an einen Chef, den ich vor vielen Jahren hatte. Er war einerseits für seine rechts von Dschingis Khan angesiedelten politischen Ansichten und andererseits für seine senfbraunen Trachtenanzüge bekannt. Letztere, so munkelte man hinter vorgehaltener Hand, hätten ihr Leben als SA-Uniform begonnen und wären von den geschickten Händen seiner Frau zur Bayerntracht umgenäht worden.

Da die meisten Fußgängerzonen nach einem einheitlichen Schema verwirklicht wurden, erkennen Sie sie nicht nur daran, dass der Autoverkehr aus diesen Straßen verbannt ist, sondern auch an gewissen Stilelementen. An erster Stelle seien hier begrünte Pflanzschalen aus Waschbeton genannt, die aus einer zentralen Produktionsstätte zu stammen scheinen, neben Stehcafés, Wurstbuden, quer gestellten Glasvitrinen und den Fassaden der in den Jahren des Wiederaufbaus nach dem Krieg eilig hochgezogenen Konsumtempel der Großkaufhäuser.

Diese Zonen sind entgegen ihrer irreführenden euphemistischen Bezeichnung als »gute Stube der Stadt« in den seltensten Fällen gemütlich, erst recht nicht mehr nach Ladenschluss, wenn sich gespenstische Leere und Stille herabsenken. Nicht viel anders verhält es sich am helllichten Tag, wenn die Käufermassen durch die Straßen wogen. Erwarten Sie nicht, dass Sie sich in einem ruhigen Strom freundlicher Flaneure dahintreiben lassen können. Wer nur wenige Stunden für seine Einkäufe hat, besitzt zum ziellosen Schlendern nicht die Muße; außerdem liefe solches Gebaren dem ziel- und ergebnisorientierten deutschen Nationalcharakter zuwider.

Die Folge ist eine Situation, die an Straßengefechte in einer umkämpften Stadt gemahnen, für die Sie als Russe jedoch trefflich gerüstet sind: Denn die Deutschen rempeln, drängeln und schieben in ihren Fußgängerzonen wie auch die Massen in Moskaus Twerskaja Uliza. Sie können sich getrost wie zu Hause fühlen und benehmen – auch hier entschuldigt sich kaum jemand dafür, dass er Ihnen im Vorbeigehen drei Zehennägel abgequetscht oder mit einer Schirmspitze Ihr Trommelfell perforiert hat.

Gezahlt wird in Deutschland übrigens, dies nur nebenbei bemerkt, mit Geld, und bevor Sie sich jetzt gleich wieder an die Stirn tippen und abschätzig »nebbich, mit Bierdeckeln werden sie zahlen« sagen, lassen Sie mich erklären: Gucken Sie doch einmal in Ihre eigene Brieftasche. Was finden Sie da? Richtig, Kreditkarten in jeder Farbe. Die amerikanische Unsitte, auf großem Fuß, aber auf Pump zu leben, hat weltweit begeisterte Nachahmer gefunden – nur nicht in Deutschland. Wenn anderswo laut darüber nachgedacht wird, dass früher oder später Geldscheine und Münzen gänzlich verschwinden werden, und dass wir alle irgendwann einmal per Fingerabdruck, Retinaraster oder gleich mittels eines bei der Geburt eingepflanzten Mikrochips bargeldlos bezahlen werden, dann werden Deutsche bei dieser Debatte ganz kribbelig und versichern sich nervös mit einem Handgriff aufs Hinterteil, dass sich ihr Portemonnaie noch sicher in der Gesäßtasche befindet.

In diesem Portemonnaie würden Sie, wenn man Sie hineinsehen ließe, denn auch eher Scheine und sogar Münzen als Karten vorfinden. Denn grundsätzlich misstraut man in Deutschland dem Plastikgeld, und das gilt für Käufer ebenso wie für Verkäufer. In vielen Geschäften wird man einen typisch deutsch ehrlichen Flunsch ziehen, wenn Sie Ihre American Express Platinum Card hervorkramen. Unter Umständen lockt man sogar mit einem Preisnachlass, wenn Sie bereit sind, bar zu bezahlen.

Wenn Sie jetzt ausrufen: Klar, kenne ich doch, das ist wie bei unseren Handwerkern, die keine Steuern zahlen wollen, dann liegen Sie allerdings schon wieder falsch. Die Händler zahlen Steuern, brav und ordentlich, sie bevorzugen eben nur das Gefühl und den Geruch richtigen Geldes. Am liebsten wäre es den Deutschen wahrscheinlich, wenn sie wie im Mittelalter dicke Gold-, Silber- und Kupfermünzen in einer Geldkatze mit sich führen könnten. Genau betrachtet sind sie eine Nation von Dagobert Ducks, der sein Bad ja auch in Geld nahm und nicht in Kreditkarten.

Ob mit oder ohne Bargeld, Sie sind aber beim Shopping in einer Fußgängerzone, und die eignet sich außerdem trefflich für die Beobachtung einer anderen deutschen Spezialität, die Sie übrigens keinen Pfennig kostet: den Gomorrhablick. Er ist nach Lots Weib benannt, die beim Anblick von Gomorrha zur Salzsäule erstarrte. Die deutsche Variante kommt diesem Ergebnis recht nahe, denn der in Sekundenbruchteilen aktivierte und losgeschleuderte Gomorrhablick soll den derart Angestarrten vernichten. Ich habe eine private Theorie, dass zu germanischen Zeiten Störenfriede vom Häuptling mit diesem Blick aus dem Stamm verstoßen wurden. Auf wundersame Weise wurde dieser Blick genetisch vererbt, und heute hat ihn jeder Deutsche ständig für jene parat, die seinen hohen Erwartungen im öffentlichen Leben nicht entsprechen – sei es, dass sie bei Rot über die Straße gehen, sei es, dass sie eine grüne Flasche in den Braunglasbehälter werfen, sei es, dass sie im Fußgängerstrom unvermittelt stehen bleiben oder unerwartete Haken schlagen.

Sie werden sich erinnern, dass wir ausführlich über das Ladenschlussgesetz gesprochen haben, das jahrzehntelang haarklein die Stunden festlegte, in denen in Deutschland Waren verkauft und gekauft werden durften. Wenn Sie nun noch hören, dass es auch ein Rabattgesetz gab, dann werden Sie sich zu Recht fragen, in welchem Land dem freien Handel mehr Fesseln angelegt wurden – im alten kommunistischen Arbeiter- und Bauernstaat oder in der marktwirtschaftlich offenen alten Bundesrepublik.

Das Rabattgesetz bezeichnete eigentlich das Gegenteil von dem, was es besagte. Diese Vorschrift ermöglichte es dem Händler nämlich nur mit großer Mühe, einen Rabatt zu gewähren. Es war auch nicht so, dass sich die Mühe für den Käufer gelohnt hätte. Denn mehr als drei Prozent Nachlass gestattete der Gesetzgeber nicht. Da wäre höchstens beim Kauf eines Mercedes der gehobenen Klasse eine ansehnliche Summe herausgekommen. Es schien fast, als ob Preisnachlässe verwerflich waren. Niemand sollte einen unfairen Wettbewerbsvorteil dadurch erhalten, dass er besser kalkulierte und seine Einsparungen an den Kunden weitergeben konnte. Wenn Ihnen das leicht verrückt vorkommt, dann kann ich Ihnen einerseits nur recht geben und andererseits darauf verweisen, dass die Regel, dass Deutsche nie etwas ohne guten Grund tun, auch Ausnahmen hat.

Apropos Ausnahmen: Zweimal im Jahr durften – abermals zu genau festgelegten Zeiten – alle Einzelhändler gleichzeitig ihre Preise senken. Zu diesen Gelegenheiten herrschten in den »guten Stuben« der Innenstädte bürgerkriegsähnliche Zustände. Da musterte der deutsche Konsument all seine Kräfte, gab Marschbefehle und Einsatzorders an seine Familienmitglieder aus und zog generalstabsmäßig in die Einkaufsschlacht. Überall in den Straßen und an den Fassaden waren Transparente gespannt, wie seinerzeit im Osten nur zum Jahrestag der Oktoberrevolution oder zum Ersten Mai. Unverständlich für den Uneingeweihten waren freilich die Parolen: WSV und SSV.

Hinter diesen Buchstaben verbargen sich die verheißungsvollen, aber auch für deutsche Verhältnisse eher länglichen Worte: Winterschlussverkauf und Sommerschlussverkauf. Regelmäßig zum Ende der Winter- beziehungsweise Sommersaison stieß der Einzelhandel zu Schleuderpreisen jene Kollektionen ab, die in der nächsten Saison ohnehin kein Modebewusster mehr tragen würde, um Platz für neue Ware zu schaffen. Für den Deutschen waren SSV und WSV Fixpunkte im Jahreslauf wie Weihnachten und Sommerurlaub. Denn hier konnte er neben seiner Kauflust noch einer zweiten Leidenschaft frönen: billig einzukaufen, Geld zu sparen oder – wie es putzig auf Deutsch heißt – ein Schnäppchen zu machen.

Heute erinnern sich nur noch ältere Deutsche verträumt an WSV und SSV. Denn seitdem jedes Kaufhaus, jeder Megamarkt, ja jeder Händler das Recht und die Möglichkeit haben, zu jedem beliebigen Zeitpunkt einen Ausverkauf zu veranstalten (auf Neudeutsch unweigerlich *Sale* genannt) oder Rabatte zu gewähren, sind die traditionellen Schlussverkäufe de facto abgeschafft. Große Ladenketten freilich haben aus nostalgischen Gründen an den alten Bezeichnungen WSV und SSV noch festgehalten, aber die rohe Kraft ungezähmter Wildheit haben die Schlussverkäufe verloren. Wer einmal am ersten Tag des WSV oder des SSV das Publikum am passenderweise so bezeichneten Wühltisch eines Kaufhauses beobachten konnte, der bemerkte nichts mehr von der steifen, zurückhaltenden Art, die zumal dem Norddeutschen gerne nachgesagt wird. Wie da um Damenunterwäsche und Herrensocken gebalgt wurde, das erinnerte viel eher an die Plünderung eines südrussischen Dorfes durch eine Tatarenhorde. Vielleicht hatte die englische Kriegspropaganda dieses Bild vor Augen, als sie den Deutschen das Etikett »Hunnen« verpasste.

Der Schlussverkauf war der rituelle Höhepunkt der Schnäppchenjagd. Denn Rabattgesetz hin oder her – sowohl der Einzelhandel als auch der Konsument fanden schon früher immer ein Schlupfloch, um ein paar Mark mit dem Preis runterzugehen. Die Schnäppchenjagd ist ein Volkssport, und wer sich nicht an ihm beteiligt, wird oft als geistig zurückgeblieben eingestuft. Als Grundregel gilt dabei: Entscheidend ist nicht, was man kauft, sondern wie viel man spart – und sich dessen rühmt. Von dieser Sparsamkeit profitieren ganze Zweige der Volkswirtschaft: Discounter, die alles billiger anbieten; Verlage, die »Schnäppchenführer« auf den Markt werfen, in denen Hunderttausende von Lesern »Geheimtipps« über besonders preiswerte Bezugsquellen erhalten; und Dienstleistungsunternehmen, die gegen ein Erfolgshonorar für bequemere Zeitgenossen bundesweit nach dem preiswertesten Kühlschrank oder iPod fahnden. Ob Winterreifen oder Waschmaschinen, Tennissocken oder Teddybären – Suchmaschinen finden im Internet auch noch das ausgefallenste Schnäppchen.

Der wahre Jäger indes verschmäht solche Hilfestellung und macht sich selber auf die Pirsch. An der Jagd beteiligen sich längst nicht nur Menschen mit kleinem Einkommen, sondern auch Gutverdienende, die sich eigentlich jeden Preis leisten könnten. Doch für sie ist es ein Triumph, etwas Wertvolles unter Preis bekommen zu haben, analysierte der Chef einer Werbeagentur das »neue Gesellschaftsspiel«. »Mit dem Schnäppchen dokumentiert der Käufer, dass er gewitzt und schlau ist – das macht den Kauf erst sexy.«

Aber vielleicht suchen Sie während Ihrer Zeit in Deutschland selbst ein wenig Erotik beim Kauf. In diesem Fall bitte ich Sie, folgenden Hinweis zu beherzigen: Bevor Sie zum Shoppingbummel aufbrechen, sollten Sie sich darüber klar werden, dass ein Einkauf in deutschen Geschäften nur für Freunde masochistischer Praktiken einen Lustgewinn birgt. Vor allem jener, der Freude an der Demütigung hat, kommt in Kaufhäusern zwischen Flensburg und Berchtesgaden zweifellos auf seine Kosten.

Falls Ihnen das vertraut vorkommt, liegen Sie genau richtig. Kurz gesagt: Sie müssen sich als gelernter Sowjetkonsument nicht groß umstellen – in der Servicekomponente unterscheiden sich der Gastronom in Solnzewo und der Großmarkt in Stuttgart nur unerheblich. Der Kunde ist ein lästiger Bittsteller, und entsprechend wird er von König Verkäufer abgefertigt. »Willig soll der Kunde sein, duldsam und still«, beschrieb es eine deutsche Zeitschrift. »Motto: Maul halten, zahlen.«

Es muss schon eine sehr exklusive Boutique sein und

Sie außergewöhnlich schick gekleidet, wenn Sie beim Betreten des Ladens mit einem strahlenden Lächeln begrüßt werden wollen. Als Normalkäufer in einem Durchschnittswarenhaus lässt man Sie hingegen sehr oft spüren, dass Sie ein Störenfried sind. Es herrscht Krieg an den Kassen, Terror an den Tresen.

Das gilt vor allem, wenn Sie kurz vor Ladenschluss kommen und unter Umständen einen besonderen Wunsch, eine Frage haben. Dann beginnt nämlich das Spiel »Wer hinguckt, hat verloren«, formulierte es ein sogenannter Personaltrainer, dessen Aufgabe es ist, Verkaufspersonal kundenfreundlich zu schulen. »Die Verkäuferin, die dem Kunden als Erste in die Augen blickt, hat verloren; sie muss ihn auch bedienen.«

Lassen Sie sich von diesen Schilderungen bitte nicht ins Bockshorn jagen. Zum einen werden Sie sich aufgrund Ihrer eigenen Lebenserfahrung in diesem Umfeld besser zurechtfinden als vielleicht ein vom Leben und von Verkäufern verwöhnter amerikanischer Deutschland-Tourist; zum anderen gibt es zum Glück lobenswerte Ausnahmen. Vorwiegend in kleineren Geschäften, zumal in kleineren Städten oder auf dem Lande, werden Sie zuvorkommend bedient und beraten.

Ein wenig muffig waren die Deutschen schon immer. Als Erstes fiel das offenbar den Holländern auf, die ihren Nachbarn den Spitznamen Moffen schon vor dreihundert Jahren verpassten. Freilich kann man diesem Charakterzug auch eine positive Seite abgewinnen: Bei Deutschen wissen Sie meistens, woran Sie sind. Niemand gibt sich die Mühe, sich zu verstellen und gute Laune zu heucheln, wenn er sie nun mal nicht hat, verdammt noch mal, verstanden?

Das ist vielleicht der Grund, weshalb sich gerade Deutschen häufig die Nackenhaare sträuben angesichts der aufdringlich lauten Nettigkeit und Strahlemannfröhlichkeit im amerikanischen Dienstleistungsgewerbe. Ich war einmal im Heartbreak-Hotel in Memphis abgestiegen, wo Elvis' Bilder von jeder Wand grüßen und seine Lieder den Gast 24 Stunden am Tag beschallen – von der Lobby bis auf den Lokus.

Als ich am ersten Tag zum Frühstück kam, fing mich eine aufgeputzte Angestellte ab. Sie lächelte mich an wie einen neunzigjährigen, schwer kranken Multimillionär, der gerade um ihre Hand angehalten und diesen Wunsch mit einem Testament zu ihren Gunsten untermauert hat. »Einen wunderschönen guten Morgen wünsche ich Ihnen, Sir«, trillerte sie und klimperte verführerisch mit den künstlich verlängerten Wimpern. »Ich wünsche mir inständig, dass Sie eine ruhige und erholsame Nacht ohne belastende Träume hatten und dass Ihr Tag so heiter und leicht sein wird wie ein Frühlingstag auf einer duftenden Bergwiese.« Es kann sein, dass ich mich nicht mehr hundertprozentig an ihre Worte erinnere. Zu früher Morgenstunde bin ich nur beschränkt aufnahmefähig. Aber sie tendierten in diese Richtung, und trotz meines unausgeschlafenen Zustandes regten sich in mir Zweifel, ob die Empfangsdame wirklich jedes Wort lauter und ehrlich gemeint hatte.

Wenig später war ich in einem Hotel in Deutschland. Das Erlebnis in Tennessee hatte mich nicht in Ruhe gelassen und war irgendwie bis zu jenem Zustand gegärt, an dem ich mich entschloss, künftig dem Morgen auch ein klein wenig fröhlicher ins Gesicht zu sehen. Als ich daher den Frühstücksraum des Hotels in München betrat, schenkte ich der Bedienung, die mir den Weg verstellte, das breiteste Lächeln, dessen meine unausgeschlafenen Gesichtsmuskeln fähig waren. »Einen wunderschönen guten Morgen«, log ich. Ich hätte mir die Mühe sparen können, denn ihr Gesicht verharrte ausdrucks- und bewegungslos. Ganze vier Worte presste sie zwischen ihren dünnen Lippen hervor: »Zimmernummer? Tee oder Kaffee?« Es war nicht ihr Tag, was ja irgendwie menschlich ist, und weshalb sollte sie ihre Gefühle verbergen. Denn das kann ja zu bleibenden seelischen Störungen führen.

Gehen Sie also gewappnet mit psychoanalytischem Gleichmut zum Einkaufen und erfreuen Sie sich stattdessen daran, dass Sie einfach alles zu kaufen finden, was Ihr Herz begehrt. Reiche Russen brauchen sich inzwischen nicht mehr mit teuren Uhren, Pelzen oder Limousinen zu bescheiden, sondern können mittlerweile unter ausgewachsenen Traditionsautomobilfirmen, brandneuen Software-Startups und diversen anderen hochkarätigen deutschen Nobelunternehmen wählen. »Wir kommen nicht mit Kalaschnikows und Panzern«, hatte Wladimir Putin den Deutschen selbst einmal versichert, »wir kommen mit Geld.« Es ist nicht klar, ob er damit beruhigen oder drohen wollte. Viele Deutsche jedenfalls waren sich nicht sicher, ob sie nicht vielleicht doch die Kalaschnikows vorgezogen hätten.

Wenn Sie sich nun aber ein deutsches Traditionsunternehmen gegönnt haben oder genügend Erdgas verkauft haben, um eine mittelgroße deutsche Stadt durch den Winter zu bringen, und wenn Sie sich dann zur Feier des Tages etwas gönnen wollen, dann sollten Sie das doch lieber daheim in Russland erledigen. Es ist ganz einfach so, dass sich schierer, praller, unverschämter Luxus eher in Moskau verkaufen lässt als in Münster oder sogar in München. Als die ersten Limousinen der untergegangenen und wiederauferstandenen Nobelmarke Maybach vom Band gerollt waren, da tauchten sie nicht in den Verkaufssalons am Kurfürstendamm oder an der Düsseldorfer Kö auf. Die ersten Modelle wurden nach Moskau ausgeliefert, wo die zahlende Kundschaft schon ungeduldig wartete. Zum Shopping fliegt der neue russische Geldadel freilich eher nach New York, London oder Los Angeles und nicht ins als bieder verschriene Deutschland. Nur in Berlin, der neuen Russenmetropole, werden Sie in vielen Läden russisch bedient werden.

Aber auch in den Import-Export-Geschäften, die Sie in Hamburg in Hafennähe, in Berlin in der Kantstraße und in München rund um den Hauptbahnhof finden, werden Sie vertraute Laute hören: Es sind oft Polen, Ukrainer, Weißrussen oder eigene Landsleute, bei denen Sie hier preisgünstig eine Bohrmaschine, einen Computer oder einen Videorekorder erstehen können. Woher die Ware kommt, sollte Sie dabei ebenso wenig interessieren wie der soziale Background der Ladeninhaber oder die Echtheit der Dreijahresgarantie für die neuwertige Rolex.

Schnell, schick und stur –
Mit Vollgas auf der Überholspur

Bevor Sie dieses Kapitel lesen, sollten Sie sich besser anschnallen. Erstens ist das beim Autofahren in Deutschland sowieso zwingend vorgeschrieben; zweitens wird Ihnen wahrscheinlich schon bei der Lektüre Hören und Sehen vergehen. Gleichwohl rate ich Ihnen dringend, sich gründlich theoretisch vorzubereiten und seelisch zu stärken, bevor Sie sich selbst in den Verkehr auf Deutschlands Straßen stürzen.

Jetzt werden Sie wahrscheinlich Protest einlegen. Was, so werden Sie sagen, kann grauenhafter sein als der Verkehr in Russland. Was könnte gefährlicher und unsicherer sein als der Zustand russischer Straßen und Fahrzeuge, von den oft alkoholisierten und gemeingefährlich aggressiven Lenkern einmal ganz abgesehen? Wo sonst mangelt es der Verkehrspolizei so sehr an Lust oder an Mut, wenigstens die schlimmsten Sünder aus dem Verkehr zu ziehen? Gibt es noch ein zweites Land, wo nackter Darwinismus an die Stelle der Straßenverkehrsordnung getreten ist? Mir, so werden Sie sagen, mir wollen Sie Angst einjagen, der ich im täglichen Überlebenskampf auf den schlaglochzerfressenen Straßen von Moskau oder St. Petersburg gestählt bin?

Gemach, gemach. Sie haben schon recht: An Brutalität ist der russische Autofahrer, der seine tiefsten anarchischen Instinkte hinter dem Steuer auslebt, nicht so leicht zu übertreffen. Außerdem haben Sie schon auf der Fahrt vom Flughafen einen ersten positiven Eindruck von den deutschen Verhältnissen gewonnen: Die Straßen sind sauberer und glatter als die Parkettböden im Kreml, die Autos scheinen allesamt gerade vom Band gerollt und in erstklassigem technischen Zustand zu sein, und die Fahrer halten sich mit geradezu irritierender Korrektheit an die Vorschriften und Regeln. Was kann da schon groß geschehen?

Allerdings, und nun kommen wir der Sache schon näher, werden Sie auf der Fahrt in die Stadt auch einen Blick auf den Tachometer riskiert und dabei bemerkt haben, dass Ihr Fahrer mit dem unerhörten Tempo von 160 Kilometern in der Stunde unterwegs war – mithin eine Geschwindigkeit, die Sie bislang nur mit dem russischen Kosmosprogramm in Verbindung gebracht haben dürften. Erstmals in Ihrem Leben ist Ihnen bewusst geworden, dass die Geschwindigkeitsangaben auf dem Tacho mehr sind als angeberischer Zierrat. Mit solchem Tempo fahren nicht einmal Putin und Dmitri Medwedjew ins Büro, weil nämlich die Frostschäden im Asphalt selbst vor der Bonzenspur keinen Respekt hatten. Also, vielleicht sollten Sie doch weiterlesen.

Was Sie zunächst wissen müssen, ist die Tatsache, dass sich der Deutsche aus einem nicht näher bekannten

Grund für den besten und routiniertesten Autofahrer auf den Highways dieser Welt hält. Dass sich solch ein Selbstverständnis nicht von heute auf morgen entwickeln kann, ist klar; dennoch wird es Sie überraschen, wie weit zurück in die Geschichte die Wurzeln der deutschen Automobilerotik reichen. Es war im Jahr 1907, als ein deutscher Kommentator schrieb: »Wenn auch im leichtlebigen Frankreich der Automobilismus viel schneller emporgeblüht ist als in dem immerhin vorsichtigen Deutschland, so ist dennoch das Automobil, der Automobilismus eine gute deutsche Sache.«

Das sind beide – die Sache und die Ideologie – bis heute geblieben. Für den Deutschen ist sein Wagen nicht einfach ein Gebrauchsgegenstand, er empfindet tief, fast möchte man sagen zärtlich für das Automobil. Er pflegt es, er putzt es, er fährt es regelmäßig zur Vorsorgeuntersuchung, TÜV genannt, und wenn er einen Kratzer im Blech entdeckt, dann reagiert er wie ein Orientale, dessen Frau von einem Fremden belästigt wird. Für seinen fahrbaren Untersatz bringt er sogar finanzielle Opfer: Auf eine Benzinpreiserhöhung reagiert er damit, dass er sich das Essen vom Munde abspart. All das sollten Sie wissen, ungeachtet dessen, ob Sie sich in Deutschland selbst ans Steuer setzen wollen: Wenn Ihnen Freunde ihr Auto vorführen, dann halten Sie nicht mit Lob hinter dem Berg. Man wird es Ihnen danken.

Inzwischen hat sich freilich herumgesprochen, dass man offensichtlich nur eines haben kann: freie Fahrt für freie Bürger in schnellen Autos oder ein verträgliches Klima für gesunde Bürger in langsamen Autos. Schadstoffausstoß, Erderwärmung, Klimakatastrophe – all das kann einem schnell den Spaß an einem flotten Fünfer-BMW nachhaltig verderben. Doch den Deutschen gelingt es geradezu undeutsch spielerisch, diesen Widerspruch aufzulösen. War der Automobilismus eine gute deutsche Sache, so ist die Rettung des Globus inzwischen eine noch bessere deutsche Sache geworden. Die Lösung: Deutsche bauen weiterhin die besten Autos der Welt, nur dass sie jetzt den strengen Umweltauflagen der Welt genügen müssen, für welche Deutsche früher und nachhaltiger als andere gestritten haben.

Denn der Deutsche und sein Auto, das ist eine Romanze, mehr noch: eine Schicksalsgemeinschaft, die nur der Tod scheidet, was oft genug der Fall ist. Dem Auto ordnet der deutsche Mensch sich unter, vom Auto lässt er sich regieren: Ein Wochenmagazin ging sogar einmal so weit zu schreiben, dass die eigentliche Bundesregierung eine große Koalition aus BMW-Fahrern und ADAC-Mitgliedern sei. Was ein BMW ist, wissen Sie mittlerweile, da diese Marke auch in der russischen Provinz verkauft und nicht mehr nur von minderen Angehörigen der Mafia gefahren wird.

Das Kürzel ADAC kennen Sie vermutlich nicht. Es steht eigentlich ganz schlicht für Allgemeiner Deutscher Automobil Club. Aber wenn Sie nun glauben, dass sich dahinter ein Verein von Motorsportenthusiasten verbirgt oder eine Selbsthilfegruppe von Autofahrern, die – wie Sie es von zu Hause und von früher gewohnt sind – am Wochenende Ersatzteile und Tipps zur Reparatur austauschen, dann liegen Sie gründlich daneben. Der ADAC ist die wohl mächtigste Lobby des ganzen Landes, denn er hat mit den Millionen von Mitgliedern die größte überparteiliche Wählergruppe hinter sich.

Vor ihm zittern Kabinette und Unternehmen, an ihm scheitern Umweltschützer und Weltverbesserer. Gegen den ADAC und seine publizistischen Verbündeten vom Massenblatt *Bild* lassen sich weder Tempolimits noch Fahrverbote bei Smogalarm, noch irgendeine andere Beschränkung des automobilen Individualverkehrs durchsetzen. Der ADAC hat vermutlich mehr Macht als die KPdSU in ihren späten Jahren, und im heutigen Russland würde er Armee und Geheimdienst in den Schatten stellen und absolut herrschen.

Mit einer solchen Rückendeckung fällt es dem Deutschen leicht, seine Leidenschaften nach Herzenslust auszuleben. Denn für das Auto ist er sogar bereit, wie ein frisch Verliebter jeden Unsinn zu begehen. Es ist dies auch einer der seltenen Fälle, in denen der Deutsche keine logische Begründung für sein Handeln braucht. Wie sonst wäre es zu erklären, dass dieses ansonsten so reglementierte und nüchterne Land sich als praktisch einziger Staat der Welt den Luxus von Schnellstraßen leistet, auf denen jeder mit der Geschwindigkeit fahren darf, die sein Motor hergibt. Diese Freiheit verdanken die Deutschen übrigens, was barmherzigerweise in Vergessenheit geraten ist, ihrem großen Führer. Adolf Hitler, der nicht nur Schäferhunde, sondern auch Automobile liebte, schaffte als eine seiner ersten Amtshandlungen nach der Machtergreifung 1933 die damals geltenden Geschwindigkeitsbegrenzungen ab.

Seitdem gilt die Maxime »Freie Fahrt für freie Bürger«. Dieser Kampfruf hat noch jede Bundesregierung zum Schweigen gebracht, falls sie jemals über die Einführung von Geschwindigkeitsbegrenzungen auf Autobahnen nachdachte. Die deutsche Autolobby, zu der neben dem ADAC die Titanen des Autobaus in Wolfsburg, Stuttgart und München gehören, dürfte mehr Einfluss besitzen als die russische und amerikanische Rüstungsindustrie gemeinsam. Am ehesten ist sie wohl mit der US National Rifle Association zu vergleichen, die das Recht eines jeden Amerikaners auf seine Schusswaffe verteidigt. Kein Wunder: In der deutschen Automobilindustrie und ihren Zulieferbetrieben sind Millionen von Menschen beschäftigt; 38 Millionen Fahrzeuge sind in Deutschland zugelassen, und jedes Jahr werden es mehr.

Wohin der Rausch der Geschwindigkeit führt, können Sie am eigenen Leib erfahren, wenn Sie mutig genug sind, einmal selbst auf einer deutschen Autobahn zu fahren. Zaghaft dürfen Sie nicht sein, denn sonst schaffen Sie nicht einmal die Einfahrt auf die rechte Spur, wo die vermeintlich langsamen Fahrzeuge heranbrettern. Haben Sie sich glücklich eingefädelt, dann ersparen Sie sich den Blick auf den Tacho. Auch wenn Ihre Stirn und Hände schweißnass sind – Sie fahren sowieso zu langsam. Sie bemerken das spätestens dann, wenn Sie der erste Tanklastzug oder Ausflugsbus überholt hat. Sollten Sie bei dieser Gelegenheit einen Blick nach links riskieren, dann sehen Sie in ein Gesicht voller Spott und Fassungslosigkeit. Spott, weil man mit Ihnen offensichtlich eine Memme auf die Straße gelassen hat; Fassungslosigkeit, weil man vom Fahrer eines Wagentyps wie des Ihren mehr erwartet hätte.

Der Wagentyp ist ganz entscheidend. Denn auf Deutschlands Straßen gilt – und das ist ja in Russland nicht viel anders – das Motto: Autos machen Leute. Um Ihnen das mit einem anschaulichen Beispiel zu verdeutlichen: Lassen Sie Ihren Schiguli oder Moskwitsch lieber daheim. Fahrzeuge dieser Provenienz rangieren im hierarchisch aufgebauten Kastenwesen noch hinter den Parias, also Kleinwagen westlicher Herkunft. Besonders schmerzlich erfuhren dies Ostdeutsche nach der Wende, als sie sich erkühnten, mit ihren Zweitakt-Trabants die Autobahnen zu benutzen. Sie wurden gnadenlos gejagt, weil ja – so die einleuchtende Begründung eines Mercedesfahrers – auch Rasenmäher nichts auf der Schnellstraße verloren haben. Inzwischen erfahren Trabbis eine späte Ehrenrettung: Weil sie so niedlich und so ausgefallen sind, hat man ihnen inzwischen eine Nische im gesamtdeutschen Auto-Pantheon zugeteilt – nicht auf einer Stufe mit dem heiligen Volkswagen Käfer, denn das wäre ja ein Sakrileg. Aber irgendwo vor dem Opel Manta rangiert der Trabbi in punkto Sentimentalität und Sympathiewert mittlerweile schon.

Die Gleichung ist einfach: Wer ein großes Auto fährt, hat Geld, wer Geld hat, hat Macht, wer Macht hat, hat Vorfahrt. Weil aber weder die deutsche Autoindustrie noch die Banken mit kulanten Krediten für den Erwerb eines Kraftfahrzeuges geizen, schleicht sich unversehens ein egalitärer, ja fast anarchischer Zug in diese Klassengesellschaft. Kurz gesagt: Weil niemand sieht, ob der Mercedes oder Porsche auf Pump gekauft ist, können sich auch Habenichtse einmal im Leben zu Herren der Straße aufschwingen.

Jede Klassengesellschaft hat, wem sage ich das, ihren Klassenkampf. In Deutschland wird er auf der Autobahn ausgetragen. Tatsächlich ist es oft so, dass sich ein ausgeglichener deutscher Doktor Jekyll im Handumdrehen in einen – im doppelten Wortsinn – rasenden Mister

Hyde verwandelt, sobald er sich hinter das Steuer setzt. Hüten Sie sich also, mit einem eher popeligen Modell die Überholspur zu benutzen. Sie können sicher sein, dass unversehens mit 200 Stundenkilometer ein BMW, Porsche oder Audi Turbo aus dem Horizont hervorschießt, dem Sie den Weg versperren. Er wird Ihnen sehr schnell mit der Lichthupe zeigen, wo Sie hingehören. Denken Sie daran, dass der Klügere nachgibt, und machen Sie den Weg frei. (Streng genommen ist die Lichthupe verboten, der deutsche Rechtsstaat ahndet ihren Einsatz als Nötigung. Stattdessen hat sich die vermeintlich dezentere, in Wirklichkeit aber penetrante Methode durchgesetzt, wonach das auffahrende Auto den linken Blinker betätigt. Auf diese Weise soll wahrscheinlich angedeutet werden, dass der schnellere Wagen bald auf dem Mittelstreifen an Ihnen vorbeiziehen wird, falls Sie sich nicht schleunigst in die rechte Fahrspur scheren, wo Sie von Rechts wegen hingehören.)

Früher oder später wird die freie Fahrt dieses freien Bürgers sowieso ein abruptes Ende finden – entweder weil ihn ein Vordermann partout nicht passieren lassen will, weil er in einen Stau gerät oder weil für das nächste Teilstück der Strecke eine Höchstgeschwindigkeit vorgesehen ist. In Deutschland herrscht nämlich die bizarre Situation, dass die Auseinandersetzung um das Tempolimit eigentlich völlig grundlos alle Züge eines mittelalterlichen Glaubensstreites trägt. Die Kontrahenten benehmen sich, als ob sie im Falle einer Niederlage mit ewiger Verdammnis oder wenigstens mit dem Tod auf dem Scheiterhaufen rechnen müssten. Doch die ganze Aufregung konzentriert sich auf nicht mehr als 1,4 Prozent des deutschen Straßennetzes. Auf allen anderen

Strecken gelten nämlich bereits Tempolimits. Mit anderen Worten: Es geht um ein paar Hundert Kilometer, die scheibchenweise über die ganze Republik verteilt sind.

Jede große Liebesaffäre trägt auch masochistische Züge, und das Verhältnis der Deutschen zum Auto ist da keine Ausnahme. Denn streng genommen macht Autofahren in Deutschland keinen Spaß mehr. Es ist ein teures Vergnügen, und das Wort von der »Melkkuh Autofahrer« gehört schon lange zum propagandistischen Standardrepertoire des ADAC. Hinzu kommt eine unübertroffene Reglementierungssucht. Der Gesetzgeber versucht, jede irgend mögliche Verkehrssituation vorauszuahnen und diese prophylaktisch in eine Vorschrift zu gießen. Auf diese Weise hat man dem deutschen Autofahrer jegliche Flexibilität und Improvisationskunst aberzogen.

Mittlerweile traut man ihm überhaupt keine Eigeninitiative mehr zu. Als im Zuge der Wiedervereinigung der DDR-spezifische grüne Pfeil übernommen werden sollte, der ein Abbiegen nach rechts auch bei roter Ampel ermöglicht, protestierte ein bayerischer CSU-Politiker: Hier werde dem Autofahrer eine eigene Entscheidung abverlangt, die ihn wahrscheinlich überfordern werde. Wer weiß, vielleicht kannte der Herr aus Bayern seine Landsleute recht gut.

So richtig aber genießt der Deutsche den süßen Schmerz des Liebeskummers erst im Stau. Sicher, solche Verkehrsengpässe gibt es auch anderswo. Inzwischen hat sogar Moskau, wo es früher höchstens Fußgängerstaus vor dem Lebensmittelladen gab, in dieser Hinsicht aufgeholt. Aber nirgendwo ist der Stau so philosophisch überhöht worden wie zwischen Ostsee und Alpenrand. Eigentlich ist es ein Fall weniger für den Verkehrsexperten als für den Psychiater. Denn es scheint, als ob die Deutschen es genössen, in einen Stau zu geraten. Vielleicht empfinden sie ihn als fröhlich auferlegte Selbstkasteiung, als Buße für die lustvoll-sündige freie Fahrt.

Wie sonst wäre es zu erklären, dass Millionen von Menschen an jedem schönen Wochenende, vor jedem Ferienbeginn wie auf Kommando die kleinen und die großen Städte verlassen, nur um draußen auf dem Land am gemeinsamen Stauerlebnis teilzuhaben. Kehrt ein Deutscher von einer langen Autofahrt heim, dann wird er stolz die überwundenen Engpässe und Baustellen aufzählen, wie ein Kriegsveteran die siegreichen bestandenen Schlachten: Kasseler Kreuz und Irschenberg, der Ruhrschnellweg und die A 9 nördlich von Nürnberg.

Von Jahr zu Jahr länger werden die Blechwürmer, in die sich immer zahlreicher Fahrer aus den deutschen Nachbarstaaten auf ihrer Reise zum Ferienort einreihen. Der Ausbau der Autobahnen von vier über sechs auf acht Spuren hat nur insofern etwas geändert, als dadurch die Staus breiter wurden. Mit kaum verhohlener morbider Lust hat ein Verkehrsexperte einmal das Innenleben eines Staus beschrieben: »Stoßstange an Stoßstange stehen etwa 240 Fahrzeuge je Kilometer im Stau. Angenommen, in jedem Auto sitzen drei Leute, dann wären auf einer Länge von fünfzig Kilometern 36 000 Menschen betroffen, die vielleicht über Tage hinweg versorgt werden müssten.« Ohne es zu wissen, hat der brave Mann ein Exposé für einen Katastrophenfilm aus deutscher Produktion erstellt.

Jetzt werden Sie sich wahrscheinlich wieder wundern, aber das dürften Sie mittlerweile schon gewöhnt sein. Denn in Deutschland hat der Stau nicht nur Frust und schlechte Laune hervorgebracht, sondern einen eigenen, ganz neuen Beruf: den Stauberater. Sie werden vielleicht einwerfen, was für einen Rat ein solcher Berater denn groß geben könnte, außer unter Umständen den Hinweis: »Sie hätten mal lieber nicht hier fahren sollen.« Das ist zwar ein schönes Beispiel für eine Konditional-Präteritum-Konstruktion, die Ihnen schon im Deutschunterricht solche Schwierigkeiten bereitet hat, im vorliegenden Fall freilich eher nutzlos ist. Zum einen beherrschen viele Deutsche, selbst wenn sie im Stau stehen, ihre Muttersprache hinreichend genug. Zum anderen würden sie einen solchen Ratschlag vermutlich eher als Verhöhnung auffassen und entsprechend aggressiv darauf reagieren.

Dies zu vermeiden ist freilich die wichtigste Aufgabe des Stauberaters. Er ist in Konfliktmanagement geschult, was übersetzt so viel heißt: Wenn ein Fahrer nach mehreren Stunden Stillstand eine Axt aus dem Kofferraum holt und beginnt, brüllend den Grünstreifen entlang Amok zu laufen, muss ihm der Stauberater liebevoll aber zugleich bestimmt in den Arm fallen. Als Alternative zum Ausrasten mit der Axt kann er ihm autogenes Training, Hypnose oder Yoga empfehlen. Sollten Sie also in einer Blechlawine gefangen sein und plötzlich deutsche Menschen sehen, die sich im großen Lotus auf den Asphalt niedergelassen und die Augen andächtig geschlossen haben, dann machen Sie sich keine Sorgen. Es war nur der Stauberater, der gerade hier war. Mitunter freilich soll es schwierig sein, derart beruhigte Autofahrer wieder zu wecken und zur Weiterfahrt zu bewegen, wenn der Stau sich auflöst.

Abgesehen von psychotherapeutischen Fähigkeiten kümmern sich Stauberater – wir sind schließlich in Deutschland – auch um das körperliche Wohl. Wie zweibeinige Bernhardiner führen sie Essen und Getränke mit, wenn auch nicht in kleinen Fässchen am Hals, sondern in den Satteltaschen ihrer Motorräder. Bedauerlicherweise sind es keine alkoholischen Getränke, die sie verteilen, auch wenn ausgefranste Nerven vermutlich mit einem Cognac schneller ruhiggestellt werden könnten, als mit einem Gläschen Granini-Apfel-Birnen-Saft.

Sie sehen schon: Eigentlich gehört ein Stau zu den deutschen Sehenswürdigkeiten, die man sich nicht entgehen lassen sollte. Da ich jedoch annehme, dass es Ihnen völlig reicht, einen Stau im Fernsehen zu betrachten, sollten Sie ein paar einfache Verhaltensmaßregeln beherzigen.

Planen Sie Ihre Ausflüge antizyklisch. Das ist einfacher, als es sich anhört. Sie müssen dazu nur wissen, dass die Mehrzahl der Deutschen an Wochenenden und vor Feiertagen von einem triebhaften Zwang befallen werden, das Weite zu suchen. Das Phänomen, der Fachmann spricht vom sogenannten Gedrängefaktor, ist aus der Tierwelt bekannt, wo es Lemminge dazu treibt, kopflos in alle Richtungen davonzustürmen. Alternativ dazu reguliert die Natur das Problem der Überbevölkerung mit einer höheren Unfruchtbarkeit von Männchen und Weibchen. Das ist logisch: weniger Liebe, weniger Kinder; weniger Kinder, weniger Leute; weniger Leute, weniger Autos; weniger Autos, kein Stau.

Überlassen Sie die Lemminge getrost ihrem Schicksal und bleiben Sie stattdessen zu Hause. Die großen Städte werden Ihnen fast allein gehören: keine Schlangen vor den Kassen der Sehenswürdigkeiten, kein Gedränge in den Museen und Galerien, freie Plätze in Eisdielen und Restaurants. Wenn Sie sich dann genüsslich einen zweiten Espresso bestellen, müssen Sie nur kurz an die Abertausende draußen auf der Landstraße denken, die sich schrittweise ihrem Ziel nähern, und Ihr Glücksgefühl ist vollkommen.

Diese Momente reinen Glücks werden an solchen Tagen durch einen weiteren Umstand gesteigert: Es gibt auch wenig Radfahrer, jene moderne Geißel deutscher Innenstädte, Nemesis argloser Fußgänger. Jetzt werden Sie vermutlich schon wieder stutzen. Radfahrer sollen gefährlich sein, eine Art Gottesstrafe gar? Nun, Sie denken sicherlich an Fahrräder sowjetischer Produktion. Aus Gusseisen schienen sie zusammengeschweißt, und im Allgemeinen wurden sie ausschließlich von Kolchosniki auf dem Weg zum Kuhstall benutzt. Die einzige Gefahr drohte hier dem Fahrer selbst, wenn er torkelnd und schlingernd auf dem schlammigen Feldweg stürzte und unter dem knapp tonnenschweren Gefährt begraben wurde.

In Deutschland hingegen ist Radfahren eine brisante Mischung aus versuchtem Totschlag, Lust am Suizid und einer inbrünstig ausgelebten Weltanschauung. Zunächst einmal haben die auf deutschen Straßen und Gehwegen (!) verkehrenden hochgerüsteten Fahrräder mit ihren Titanrahmen, genoppten Breitwandreifen und ausgereiften Gangschaltungen nichts mehr mit den armen sowjetisch-russischen Drahteseln gemein. Was den

Geschwindigkeitsrausch betrifft, so scheinen viele deutsche Pedalritter ihr Rad mit einer Harley-Davidson zu verwechseln – womit sie eben sich selbst und Fußgänger in Gefahr bringen. Die neuesten Produkte kosten auch nicht viel mehr als ein Porsche und wurden allem Anschein nach im Hadronen-Teilchenbeschleuniger in Genf auf ihre Windschlüpfigkeit hin getestet.

Ganz wesentlich ist zudem das weltanschauliche Element. Weil Sie außer ein paar Tropfen Öl für die Kette keine Rohstoffe verbrauchen, halten sich nämlich viele Radfahrer schlicht für bessere Menschen. Ähnlich wie die Fortbewegung mit dem Auto ist auch das Radfahren in Deutschland mehr als ein banales Mittel, um sich von Punkt A nach Punkt B zu bewegen. Ein kompliziertes ideologisches Denksystem wird auf Sattel und Lenker errichtet. Wie die meisten Werke deutscher Philosophen lässt sich auch diese Weltanschauung auf einen einfachen Punkt bringen: Wer Auto fährt, der billigt auch Tschernobyl, französische Atomtests und die Rodung des Regenwaldes – kurzum, er legt höchstpersönlich mit einem Schneidbrenner Hand an Gletscher und Eisberge. Radfahrer hingegen sind die kleinen Helden unserer Zeit, die Retter und Bewahrer unseres Planeten, Greenpeace im grauen Alltag gewissermaßen.

Diese Weltanschauung hat insofern einen Fehler, als in ihr kein Platz für Fußgänger ist, die ja noch nicht einmal Öl für eine Fahrradkette benötigen. Sie drängeln sich in der immer kleiner werdenden Nische zwischen Auto und Rad. Wie es sich für Deutschland gehört, haben die Radfahrer darüber hinaus schon ihren eigenen Verband – den ADFC. Richtig, dieser Allgemeine Deutsche Fahrradclub hat sich keinen geringeren als den schon erwähnten ADAC zum Vorbild erkoren. Die Erfahrungen der ersten Jahre zeigen, dass die Rad- den Autofahrern erfolgreich nacheifern.

»Kopf an, Motor aus«, lautet die Parole des ADFC – ein alles andere als subtiler Hinweis darauf, was bei Autofahrern bei laufendem Motor nicht mehr funktioniert. Stark betonen die berufsmäßigen Radler den Spaßfaktor des Radfahrens. Um diesen Effekt erfolgreich erzielen zu können, vermeiden sie in ihrer Propaganda selbstverständlich Hinweise auf Touren in strömenden Regen durch die Höhen und Tiefen deutscher Mittelgebirge.

Stattdessen vermittelt der ADFC eine penetrant fröhliche Gute-Morgen-Laune, der man am liebsten mit einem turbogetriebenen Sportwagen entkommen möchte. »Wer morgens mit dem Fahrrad stau- und stressfrei zur Arbeit kommt und damit seinen Kreislauf in Schwung bringt, erreicht wach, konzentriert und gut gelaunt seinen Arbeitsplatz«, schäumt es beispielsweise aus der Webseite des Verbandes heraus wie aus einer überquellenden Waschmaschine. »Dies wirkt sich nicht nur gut auf die morgendliche Stimmung aus, sondern langfristig auf die Gesundheit der Mitarbeiter und damit auf die wirtschaftlichen Vorteile der Unternehmen.«

Ganz abgesehen von dem schamlosen Anwanzen an die Arbeitgeber, welche diese Zeilen ausströmen, gehen sie auch an der Lebenswirklichkeit vieler Zeitgenossen vorbei. Denn ich zweifle an der Gute-Laune-Fähigkeit eines Mitarbeiters, der verschwitzt und mit brennenden Schenkeln sein Büro ansteuert und anschließend heftig perspirierend zu den Kolleginnen und Kollegen in den Fahrstuhl steigt.

Aber kehren wir zurück zum empfohlenen antizyklischen Verhalten. Sie sollten sich für einen Ausflug ins Grüne einen normalen Werktag aussuchen. Ob Sie sich für Wanderungen in der Mark Brandenburg oder in der Lüneburger Heide entscheiden, für Bergtouren im Elbsandsteingebirge oder im Alpenvorland – Sie werden die Schönheiten Deutschlands für sich allein haben. Jedenfalls mehr oder weniger, denn immer mehr Menschen in Deutschland haben nämlich immer öfter auch unter der Woche Freizeit, die bei schönem Wetter draußen in der Natur verbracht wird.

Einer der Gründe dafür trägt den schönen Namen Gleitzeit. Das bedeutet, dass sich viele Arbeiter und Angestellte ihre Arbeitszeit selber aussuchen können: Wer früh am Arbeitsplatz erscheint, kann früher Feierabend machen; wer spät kommt, muss länger arbeiten. Kurz nachdem man diese Errungenschaft eingeführt hatte, musste allerdings wieder die Notbremse gezogen werden. Viele Deutsche (und die sind ohnehin eine Nation notorischer Frühaufsteher) wären nämlich am liebsten schon nachts um drei zum Dienst angetreten, um bereits im Verlauf des Vormittags nach Hause gehen zu können. Zu ihrem großen Leidwesen drang diese Vorstellung nicht durch; die meisten Betriebe öffnen nicht vor sieben Uhr ihre Tore.

Aber wir wollten ja nicht über die Arbeit, sondern über die Freizeit sprechen. Soziologen, Psychologen und Verhaltensforscher haben sich vergebens den Kopf darüber zerbrochen, warum es die Deutschen nicht am heimischen Herd hält. Dass sie frische Luft tanken und sich in Gottes freier Natur die Beine vertreten wollen, kann es nicht mehr allein sein, da die Anreise zum Ausflugsziel – siehe Stau – ohnehin die meiste Zeit in Anspruch nimmt. Im Bergwald angekommen, legt die Mehrzahl gerade ein paar Schritte bis in die nächste Waldwirtschaft zurück, wo sie sich zu Kaffee und Kuchen niederlässt.

Es sind die kümmerlichen Reste eines Wandertriebes, der die Deutschen seit den Zeiten der Völkerwanderung begleitet hat. Im Mittelalter wanderten Handwerksburschen durch die Lande, und noch vor einigen Jahrzehnten hatten die planvollen Streifzüge durch Wald und Flur als Wandervogelbewegung sogar politische Bedeutung.

Heute erinnern nur noch Ausstattung und Kleidung der Wanderer an jene graue Vorzeit, als man mit Gott und der Natur allein durch Wälder und über Höhen streifte: zünftige Kniebundhosen, rote Strümpfe, am Fuß den zwiegenähten Haferlschuh und in der Rechten den derben Wanderstock. Wer auf sich hält, hat letzteren mit blechernen Emblemen vollgenagelt – sogenannten Stocknägeln, die als Erinnerung an bestimmte Touren erworben werden. Was dem sowjetischen Kriegsveteranen seine Auszeichnungen an der breiten Heldenbrust, das sind dem deutschen Wandersmann seine Stocknägel.

Es versteht sich von selbst, dass vorwiegend ältere Semester derart ausgestattet durch die Berge, durch die Auen streifen. Das soll aber nicht heißen, dass nicht auch jüngeren Deutschen der Wandertrieb im Blut liegt. Sie nennen es lediglich anders: Hiking, Trekking oder Nordic Walking. Für letztere Betätigung benötigt man sogar ebenfalls nicht nur einen, sondern zwei Stöcke. Da sie freilich aus hochwertigen Metallen gegossen sind, lassen sich Stocknägel an ihnen nicht mehr annageln. Dies wird allerdings nur von einer ganz kleinen Minderheit nordischer Wald-Walker als Manko empfunden.

Die große Masse wandert heute, wie könnte es anders sein, mit dem eigenen Fahrzeug. Dafür gibt es sogar den auf den ersten Blick irreführenden Fachbegriff des Autowanderns. Denn aus ihm darf man nicht ableiten, dass sich Gruppen naturverliebter Kraftfahrzeuge auf einem Waldparkplatz treffen, um anschließend offroad und höchstens im zweiten Gang durch den Forst zu rollen. Der Naturpark Bayerischer Wald etwa ist von Parkplätzen regelrecht umzingelt. Samstags und sonntags können Sie hier das Spektakel erleben, wie chromblitzende Karossen unter deutschen Tannen geparkt, Kofferräume geöffnet werden und leitende Angestellte aus Passau oder München sich als Wandersmänner maskieren. Vorbei sind die Zeiten, da Eichendorffs Taugenichts aufs Geratewohl in die weite Welt hinauszog. Heute wird auf sorgfältig mit Symbolen markierten und mit Zeitangaben versehenen Rundwegen gewandert, die stets wieder zum Auto zurückführen. Zeitgemäße Wandervögel führen ohnehin Navigationssysteme mit sich. Verirren kann sich hier niemand mehr, die Mutter von Hänsel und Gretel müsste sich heute etwas anderes einfallen lassen, um ihre Kinder loszuwerden. Zur Not könnte der Vater sie über ihr Handy orten, bevor sie es auf Geheiß der Hexe ausgeschaltet haben.

Wenn Sie daheim in Russland gewandert sind, dann müssen Sie sich umstellen. In Ihrer Heimat müssen Sie sich nur wenige Kilometer von den Zentren der Städte entfernen, um auf sozusagen naturbelassene Natur zu stoßen. (Ausnahmen sind jene Sonderzonen, wo irgendwann einmal ein Reaktor geschmolzen oder eine Öllache von den Ausmaßen des Baikalsees ausgetreten ist.) Hier streifen sibirische Tiger, braune Bären und russische Premierminister mit nacktem Oberkörper durch die freie Wildbahn. Anders in Deutschland: Hier ist selbst in der entlegensten Bergregion die Natur derart gezähmt, dass Sie sich wie auf einer Trekkingtour durch den Gorki-Park vorkommen werden: an jeder Weggabelung eine Wurstbude und auf der Lichtung ein Restaurant. Sogar die hochgelegenen Almen in den bayerischen Alpen, wo es dem Volksmund zufolge keine Sünde gab, sind bequem im Automobil zu erreichen: Nur 108 von 1377 Almen sind noch nicht an das Verkehrsnetz angeschlossen.

Ein Picknick oder gar ein Lagerfeuer sollten Sie stets auf den eigens dafür ausgewiesenen Plätzen in Angriff nehmen, und auch sonst verhält sich der deutsche Mensch im Wald ordentlich: Das Sammeln von Pilzen, Blumen oder auch nur Holz ist mancherorts unter strenge Strafe gestellt. Hier lautet die eherne deutsche Mahnung: »Wenn das alle täten« – dann nämlich wäre der Wald einer ausgestorbenen Fußgängerzone noch ähnlicher, als er es streckenweise ohnehin schon ist.

Letzthin wird ja viel darüber gesprochen, dass sich die Völker Europas immer ähnlicher werden, dass ein Schwede und ein Sizilianer dasselbe Essen auf dem Teller und dieselben Songs im iPod haben, und dass sie sich sowieso alle miteinander auf Englisch unterhalten. Diese Vermutung freilich wird der Realität nicht gerecht, und ein gutes Beispiel dafür ist der Wald. Russland wird definiert durch Taiga, Tundra und Steppe, Italien durch dramatische Küsten und Strände, und England durch Parkanlagen, die sich als Natur tarnen. Der Wald ist in all diesen Ländern optional – es kann ihn geben, aber absolut notwendig ist er nicht.

Nicht so in Deutschland. Nichts ist so deutsch wie der Wald, egal ob Nadel oder Laub. In dichten, undurchdringlichen Wäldern verbargen sich die alten Germanen vor den Römern, und wenn sie die Legionen einmal schlugen, dann nicht in offener Feldschlacht, sondern meist in einem dunklen Forst wie dem legendären Teutoburger Wald. Andere Völker mögen im Wald eine Bedrohung sehen, einen Ort, an dem Untiere leben, Hexen oder zumindest ungewaschene Köhler (Holzkohlenbrenner, nicht Bundespräsidenten).

Deutschen hingegen geht das Herz auf, wenn sie in das Dickicht der Stämme und des Unterholzes eintauchen. Was wären die Gebrüder Grimm ohne den Wald? Was würde aus Schneewittchen, wenn es nicht hinter den sieben Bergen bei den sieben Zwergen Zuflucht fände, sondern sich stattdessen in einer zugigen Höhle an einem Fjord verkriechen müsste? Oder kann man sich wirklich ernsthaft vorstellen, dass sich Hänsel und Gretel derart rettungslos in einer süßlich-lieblichen südenglischen Hügellandschaft verlaufen könnten? Gäbe es überhaupt die deutsche Romantik ohne den deutschen Wald? Einen Freischütz, der am Strand spielt? Und sind es nicht erst die mächtigen Baumkronen im Vordergrund, die Caspar David Friedrichs Kreidefelsen von Rügen den richtigen Rahmen geben? Und wer, wenn nicht die Deutschen, hätte ein Wort wie *Waldsterben* erfinden können, das dem Tann geradezu menschliche Züge verleiht. *Le Waldsterben*, zerbrachen sich die Franzosen die Zunge an dem Fremdwort. Sie definierten es als eine typisch deutsche Gemütskrankheit.

Es konnte nicht ausbleiben, dass Außenstehende die Deutschen und ihren Wald sozusagen auf die Psychologencouch legten. »Das Massensymbol der Deutschen war das Heer«, schrieb beispielsweise Elias Canetti eher erwartungsgemäß. »Aber das Heer war mehr als das Heer«, fuhr er fort. »Es war der marschierende Wald... Das Rigide und Parallele der aufrecht stehenden Bäume, ihre Dichte und ihre Zahl erfüllt das Herz des Deutschen mit tiefer und geheimnisvoller Freude. Er sucht den Wald, in dem seine Vorfahren gelebt haben, noch heute gern auf und fühlt sich eins mit den Bäumen.« Unter diesen Umständen ist es kein Wunder, wenn Deutsche *le Waldsterben* als eine Art einseitiger Totalabrüstung betrachten.

Mittlerweile freilich blickt der moderne Deutsche auch immer öfter hinter den Bäumen hervor aus dem Wald heraus. Er begibt sich ins Ausland, auch wenn dort die Wälder schon längst abgeholzt wurden oder überhaupt nie existierten. Es steht außer Frage, dass sich die Deutschen zu einem reiselustigen Volk entwickelt haben: Kein Strand, kein Dschungel und kein Gebirgstal sind vor ihnen mehr sicher. Mit 62,4 Millionen Auslandsreisen liegen die Deutschen traditionell Jahr für Jahr in einschlägigen Umfragen international im Spitzenfeld, und bisher hat noch keine Wirtschaftskrise daran Wesentliches ändern können.

Wie ihr amerikanisches Vorbild haben sie es sich angewöhnt, in der Fremde möglichst die Heimat zu suchen, nur mit besserem Wetter. Am liebsten würden sie natürlich ihren ganzen Hausrat mitnehmen, um nicht irgendwo in der Fremde unliebsame Überraschungen zu erleben. Ich glaube, wenn Sie das Gepäck deutscher

Urlauber kontrollierten, dann fänden Sie in fünf von zehn Koffern ein Bügeleisen und in neun Gepäckstücken einen weltweit einsetzbaren Stromadapter, mit dem diverse andere unverzichtbare Elektrogeräte in Afrika oder in der Karibik angeschlossen werden können.

Mittlerweile machen sich auch Russen an den Urlaubsplätzen der Welt bemerkbar, und deshalb sollte ich Ihnen vielleicht ein paar Tipps geben, woran Sie die Deutschen im Ausland erkennen. Das ist gar nicht so schwierig, selbst wenn man die Tatsache in Rechnung stellt, dass der deutsche Tourist in mannigfacher Ausprägung jenseits der eigenen Grenzen auftritt.

Noch immer gibt es den klassischen Bildungstouristen, der auf Reisen etwas dazulernen will. Wenn er in die Toskana oder nach Nordafrika reist, dann nicht nur wegen der leiblichen Genüsse, sondern wegen einer dreiwöchigen Fahrt mit dem vielversprechenden Titel »Scheunentore der Renaissance« oder »Mandelblüte in Marokko«. Er absolviert sein Besichtigungspensum bei Hitze, Sturm oder Schnee mit verbissener Hartnäckigkeit. Wehe dem Veranstalter, der zu viele Ruhe- und Verschnaufpausen in das Programm eingearbeitet hat. Ein bildungshungriger Deutscher reist schließlich nicht zu seinem Vergnügen.

Wie seine unerreichten Vorbilder – Goethe in Italien, Karl May bei den Pyramiden – hat der Bildungstourist vor der Abreise ein einschlägiges Fachstudium abgeschlossen oder zumindest mehrere Abendkurse belegt. Außerdem hat er drei laufende Regalmeter Sekundärliteratur zum Thema gelesen. Einen knappen Zentner Literatur schleppt er mit sich herum, weil er dem Cicerone jederzeit seine besseren Kenntnisse beweisen will. Denn auch er hält sich an die mit deutscher Bescheidenheit vorgetragene Maxime: Es stimmt nicht, dass Deutsche alles wissen. Sie wissen nur alles besser.

Eine große Gruppe stellen unter den Deutschen die Sport- und Abenteuertouristen. Diese hageren, durchtrainierten Urlauber erkennen Sie daran, dass sie Erholung und Entspannung scheuen wie einen fetten Schweinebraten. Sie rackern sich ab bis zum letzten Meniskus, als gelte es, sich auf einen olympischen Wettbewerb – Wildwasserfahrten im Sommer, Heli-Skiing im Winter – vorzubereiten. Auch wenn diese Urlauber sich für kurze Momente einmal nicht bewegen (etwa nach einem Sturz in eine Gletscherspalte), sind sie unschwer als Deutsche auszumachen: Sie tragen die modernste Sportbekleidung und sind mit den besten Sportgeräten ausgerüstet, die der Markt zu bieten hat.

Noch ein Wort zur größten Gruppe, den Sonne-, Strand- und Badereisenden. In den schönsten Monaten des Jahres haben sie die Küsten des Mittelmeeres und umliegender kleinerer Gewässer fest in der Hand. Nur Briten und Holländer führen hie und da noch Rückzugsgefechte um einen Brückenkopf zwischen Würstchenbude und Strandkorb. Als vor einigen Jahren ein Bonner Abgeordneter angeblich im Scherz den Vorschlag machte, die weitgehend am deutschen Wesen genesene Insel Mallorca solle zum 17. Bundesland werden, da regten sich weder Empörung noch Begeisterung. Der Politiker schien lediglich eine Selbstverständlichkeit angesprochen zu haben.

Vielleicht machen Sie selber an einer dieser südlichen deutschen Küsten Urlaub. Dann werden Sie nicht nur verblüfft feststellen, dass Sie von Tanger bis nach Tunis, in Thessaloniki und in Trabzon mit Ihren Deutschkenntnissen durchkommen, auch bodenständige deutsche Küche können Sie in der Fremde antreffen. Vielleicht erleben Sie sogar jenes Wunder, das sich britische Touristen bis heute nicht erklären können: Wie schaffen es die Deutschen, jeden Tag als Erste am Strand zu sein, auch wenn sie gemeinsam mit den Angelsachsen bis in die frühen Morgenstunden in einer Taverne gezecht haben? Und: Woher nehmen sie die Energie, die von ihnen besetzten Strandstücke unverzüglich mit massiven Sandburgen zu befestigen?

Lustvoll stöhnend
im Korsett der Pflicht:
Ordnung muss sein

Wir alle haben ja so unsere Vorstellungen von den Eigenschaften anderer Völker, und in ehrlichen Momenten wissen wir auch, dass es sich um Vorurteile handelt, die auf dem Humus billiger Klischees gedeihen. Dennoch haben wir uns an sie gewöhnt – an die, o la la, liebestollen Franzosen, die lärmend-großmäuligen Amerikaner und natürlich an die drei großen »P« der Deutschen: penibel, pingelig, perfektionistisch.

Keine geringere als die ehemalige britische Premierministerin Margaret Thatcher ließ einmal eine Liste vermeintlich typisch deutscher Primär-, Sekundär- und vermutlich auch noch Tertiärlaster zusammenstellen. Es waren die Monate vor und nach dem Mauerfall, und nicht nur in London zerbrach man sich – wie schon die alten Römer – wieder einmal den Kopf über dieses geheimnisvolle Volk mit seinem Waldzwang und der Ordnungsliebe.

Frau Thatchers Experten fegten brav alles zusammen,

was jemals für Deutsch gehalten wurde, und entsprechend verwirrend, ja widersprüchlich fiel die Aufstellung denn auch aus: Da konstatierten sie Dickfelligkeit ebenso wie Sentimentalität; Angriffslust, Durchsetzungsvermögen und die Tendenz zur leichtfertigen Selbstüberschätzung auf der einen, und Angst, Minderwertigkeitskomplexe und larmoyantes Selbstmitleid auf der anderen Seite.

Mittlerweile haben Sie die Deutschen ja ein wenig kennengelernt und Sie werden festgestellt haben: An jedem Charakterzug ist etwas dran, was Ihnen an den Deutschen gefällt oder nicht so behagt. Belegt werden einige dieser Charakteristika durch einschlägige Anekdoten. Wer kennt sie nicht bei uns, die Geschichte jener legendären Kominternsitzung im Moskau der Dreißigerjahre? Alle Delegationen der internationalen Bruderparteien waren schon im Kreml versammelt, nur die deutschen Genossen fehlten noch. Schließlich wurde selbst Stalin unruhig, und er befahl, Nachforschungen über den Verbleib der Deutschen anzustellen. Sie galten als zuverlässig und korrekt, es musste ihnen etwas zugestoßen sein.

Nichts dergleichen war geschehen: Man fand die deutschen Vertreter der kommunistischen Internationale, wie sie beunruhigt auf dem Bahnsteig des Weißrussischen Bahnhofs in Moskau auf und ab gingen. Schon seit Stunden, so monierten sie, warteten sie darauf, dass jemand ein Loch in ihre Fahrkarten stanzte (wie es sich gehört!), damit sie endlich das Bahnhofsgelände ordnungsgemäß verlassen und zu Väterchen Stalin in den Kreml weiterfahren könnten.

Wie fest dieses Bild bei uns verankert ist, hat mir einmal ein deutscher Freund in Moskau bestätigt. Jedes Mal, wenn er mit dem Auto gegen die Straßenverkehrsordnung verstieß, wurde er vom Milizionär väterlich, doch gleichzeitig erstaunt ermahnt: »Ich verstehe schon, wir sind hier in Russland, da nimmt man es nicht so genau. Aber, im Vertrauen, in Deutschland würden Sie hier doch nicht links abbiegen, obwohl es verboten ist?«

Aber Sie, der Sie ein aufgeschlossener, ein unvoreingenommener Mensch sind, schieben vor Ihrer Deutschlandreise all diese Vorurteile entschlossen beiseite. So, denken Sie, verhält sich der Deutsche nur in der Anekdote, in der Literatur oder in der kleinkarierten und verhältnismäßig beschränkten Vorstellungswelt der Miliz. Schließlich entsprechen auch nur wenige Russen dem gängigen Klischee vom brummelnden, ewig betrunkenen Braunbären.

Das ist edel gedacht von Ihnen, aber... Nun, wie soll ich es Ihnen schonend beibringen: Bewahren Sie sich lieber das eine oder andere Klischee, denn die Deutschen haben tatsächlich ein sehr enges Verhältnis zu Ordnung, Disziplin und Perfektion.

Das wird Sie, mit ein bisschen Glück, schon Ihr erster Spaziergang durch eine deutsche Stadt lehren. Wählen Sie dafür nach Möglichkeit eine Abendstunde oder einen Sonntag, weil zu diesen Zeitpunkten wenige Menschen unterwegs sind. Über kurz oder lang werden Sie dann Zeuge eines Geschehnisses, von dem Sie nicht wissen, ob Sie es Ihren Enkelkindern erzählen sollen oder nicht. Denn welche Großeltern wollen bei der jungen Generation schon unglaubwürdig wirken.

Sie können Ihren Augen getrost trauen: Da steht ein

Mensch reglos an einer Kreuzung. Obwohl kein Verkehr zu hören, geschweige denn zu sehen ist, macht er keine Anstalten, die Straße zu überqueren. Zügeln Sie Ihren Impuls, ihm zu helfen. Der Mann ist weder blind noch taub, noch hat er einen Anfall von Katatonie erlitten. Er wartet darauf, dass die Ampel auf Grün umspringt, bevor er einen Fuß auf die leere Fahrbahn setzt.

Unbegreiflich, aber wahr: In Deutschland gibt es tatsächlich Menschen, die sich Regeln und Vorschriften selbst dort unterordnen, wo deren Einhaltung nicht überwacht wird. Manchmal kann diese Gesetzestreue tödliche Folgen haben: So blieb ein Busfahrer in München an einer roten Ampel stehen, obwohl ihn eine Gruppe von Bauarbeitern verzweifelt bedrängte weiterzufahren. Die Arbeiter wollten keinen Schabernack mit dem Busfahrer treiben, es war ihnen ernst. Denn wenige Sekunden später öffnete sich der Asphalt unter dem Bus, und das Fahrzeug versank in einem tiefen Loch.

Nun ist es ja ganz gewiss nicht so, dass Russen über weite Strecken ihrer Geschichte in einem Zustand rauschhafter, anarchischer Gesetzlosigkeit gelebt hätte. Ganz im Gegenteil: Meistens spürten sie schmerzhaft die Knute. Dies hat ihnen freilich zu einem gesunden Misstrauen gegenüber der Obrigkeit verholfen: Dem Teufel muss man hundert, dem Zaren zehn Werst aus dem Weg gehen – sagen wir. (Werst, für die jüngeren Leser unter Ihnen, ist kein Tippfehler von Wurst, sondern ein altes russisches Längenmaß – ganz exakt 1066,8 Meter.) Auch die vermeintliche Huld und Großmut hochmögender Herren vermögen Russen richtig einzuordnen; denn tiefe Lebensweisheit spricht aus der Erkenntnis: Schenkt der Zar dir ein Ei, so nimmt er eine Henne von dir.

Mit anderen Worten: Russen haben uns stets bestenfalls zähneknirschend in die unvermeidbaren Kreml-Ukase gefügt und ständig nach Schlupflöchern und Hintertüren Ausschau gehalten. Die Deutschen indes lassen sich freiwillig, ja lustvoll in ein Korsett immer neuer Vorschriften, Regeln und Normen einschnüren. Mehr als das: Sie kontrollieren sich gegenseitig, ob die Stahlkorsage ja recht straff sitzt. Dies kann Ihnen leicht selbst widerfahren, falls Sie es wagen sollten, bei Rot eine Straße zu überqueren: Mit strengem Kopfschütteln werden die anderen Passanten Sie rasch und unzweideutig wieder auf den Pfad der Gesetzmäßigkeit zurückholen.

Wenn Sie Pech haben, bleibt es nicht beim stummen Kopfschütteln. Dann können Sie sich auf eine ebenso laute wie strenge Standpauke gefasst machen. Sie müssen wissen, dass in jedem Deutschen ein Pädagoge schlummert, den es danach drängt auszubrechen und sich zu entfalten. Es genügt nicht, sich über den Fehler eines Mitmenschen zu empören. Der fest verwurzelte Glaube an die Lernfähigkeit seiner Mitbürger zwingt den Deutschen fast schon genetisch, Ursachen und Konsequenzen von Fehlverhalten haarklein zu erläutern. Wenn sie könnten, würden sie dem derart Gescholtenen Hausaufgaben aufgeben und sie eine Woche später am selben Zebrastreifen abfragen.

Oberlehrer von eigenen Gnaden sind übrigens selbstverständlich auch im Auto unterwegs. Sie überholen beispielsweise einen auf der Mittelspur der Autobahn mit 160 Stundenkilometern für deutsche Verhältnisse eher gemütlich dahinzockelnden Wagen und setzen sich dann, scharf abbremsend, vor seinen Kühler. Nachdem sie dergestalt die Aufmerksamkeit des trödelnden Fahrers erworben haben, deuten sie wiederholt mit rigide ausgestrecktem Zeigefinger auf die rechte Seite, um ihre Lektion nonverbal an den Mann zu bringen: Du Schleicher gehörst in die Kriechspur. Das Wort von der Verkehrserziehung erhält damit in Deutschland eine hübsche Doppelbedeutung.

Jetzt werden Sie sicherlich fragen, warum die Deutschen so obrigkeitshörig, so pedantisch, so korrekt sind, und ich werde versuchen, Ihnen eine sehr gewagte These schmackhaft zu machen: Die Deutschen lieben die Ordnung, die Sicherheit, die Überschaubarkeit, weil sie in den tiefsten Abgründen ihres Herzens eigentlich Anarchisten sind und einen unkontrollierten Ausbruch ihrer Gemütsregungen fürchten. Sicher, der Zollbeamte, der Straßenbahnschaffner, die Verkäuferin, der Oberkellner, und wen Sie sonst bisher kennengelernt haben, dürften etwa ebenso viel anarchische Ausstrahlung besessen haben wie ein rot gewürfeltes Küchentuch.

Aber ich behaupte, dass dies alles nur Mimikry ist, Tarnung und Selbstschutz. Ich will gar nicht an diverse militärische Eskapaden der Deutschen im letzten Jahrhundert erinnern, die von Anbeginn eine vorzivilisatorische, gewissermaßen sehr unordentliche germanische Götterdämmerung als Ende mit einkalkulierten. Nehmen Sie nur die Musik von Gustav Mahler oder Richard Wagner, nehmen Sie die Dichter der deutschen Romantik, nehmen Sie ein Fußballspiel Schalke 04 gegen 1860 München, oder nehmen Sie das Niveau der politischen Diskussion in diesem Lande, die genussvoll auf jeglichen Pragmatismus zugunsten ungeeigneter Ideologien verzichtet – und Sie werden sehen, dass der deutsche

Mensch schon das Zeug und die Neigung dazu hätte, aus dem kleinen Karo seiner Normen auszubrechen und lustvoll in ausschweifende, anarchische Seelenräusche einzutauchen. Vielleicht liegt hier die Wurzel der so oft beschworenen Seelenverwandtschaft zwischen Deutschen und Russen.

Im Verlauf seiner Geschichte indes hat Deutschland so viele Zeiten der Wirren und des Chaos erlebt, dass es die Segnungen der Ordnung schätzen gelernt hat. Nehmen Sie nur das Verhältnis des Deutschen zu seiner einstigen Währung, zur in allerhöchsten Ehren gehaltenen D-Mark. An sie lässt er nicht rühren, und als die Pläne der Europäischen Union das Ohr des deutschen Bürgers erreichten, die nationalen Währungen durch den gesamteuropäischen Ecu abzulösen, da erhob sich ein Sturm der Empörung über das »Esperantogeld«. Erst als man die Deutschen davon überzeugen konnte, dass auch der Euro ganz hart sein werde und eigentlich nichts anderes als eine Mark im fremden Gewande sei, bröckelte der Widerstand allmählich.

Ganz haben sie den Widerstand gegen das neumodische Geld noch immer nicht aufgegeben – auch wenn sie die Vorzüge seiner grenzüberschreitenden Nützlichkeit anerkennen. Vor allem Briten werden oft und gerne verspottet, weil sie an ihrem Pfund Sterling festhalten. Aber mitunter kann man schon beobachten, wie missmutig Deutsche in ihren Portemonnaies kramen und misstrauisch Euro-Münzen aus Weichländern wie Portugal, Griechenland oder Spanien mustern. Vollständig sind sie noch immer nicht im Reinen mit dem Gedanken, dass man auch mit solchem Geld für deutsche Qualitätsware in einem deutschen Kaufhaus zahlen darf.

Der Grund für dieses Streben nach finanzpolitischer Stabilität ist ebenso einfach wie einleuchtend: Zweimal verloren Millionen von Deutschen im vorigen Jahrhundert all ihre Ersparnisse durch Inflation und Währungsreform. Ein drittes Mal sollte es nicht geben, und deshalb wurde bei der Vereinigung der DDR mit der Bundesrepublik die Union der Währungen beider Länder bar jeglicher monetärer Vernunft durchgezogen. Die Landsleute im Osten sollten nicht erneut um ihr Geld betrogen werden.

Insgeheim wenig Respekt haben die Deutschen demzufolge vor Ländern, in denen ein Brot Tausende und ein warmes Essen Zehntausende kostet, wie Russland nach der Wende, wo Lebensersparnisse von 3000 Rubel gerade noch für ein paar Metrofahrten ausreichen. Freilich entbehrt dieser monetäre deutsche Hochmut jeglicher finanzpolitischer Gründe. Denn Japan oder Ungarn, wo beim Kauf eines Autos ebenfalls rasch die Millionengrenze überschritten ist, besitzen gleichwohl stabile Währungen. Ich allerdings würde nicht mehr in Deutschland leben wollen, falls dort eines Tages ein Kopf Salat – Gott bewahre – 750 Euro kosten sollte. Dies würde eine Panik mit völlig unberechenbaren Folgen auslösen.

Es gibt kluge Leute, welche die Wurzel für deutschen Perfektionismus, deutsche Ordnungssucht und deutsche Sicherheitsmanie im Dreißigjährigen Krieg vermuten, der ja nicht von ungefähr bis zum Anfang des vorletzten Jahrhunderts schlicht »Deutscher Krieg« hieß. Dreißig Jahre lang, also für damalige Verhältnisse fast anderthalb Generationen, herrschten in deutschen Landen Anarchie, Willkür, Gesetzlosigkeit. Ein Menschenleben war keinen Heller wert – ganz egal, ob es von einem marodierenden Landsknecht, einer Seuche oder dem Hunger beendet wurde.

Zugegeben, auch Russland hatte seine *smuta*, die Zeit der Wirren. Aber sie wurde von einem starken Zaren beendet, der die Macht in seinen Händen in Moskau bündelte und autokratisch im ganzen Land ausübte. Deutschland hingegen zerfiel nach dem Westfälischen Frieden von 1648 in eine Vielzahl kleiner und kleinster Herrschaften. Was in einer Grafschaft richtig war, konnte schon wenige Kilometer weiter im nächsten Fürstentum bestraft werden.

Die von Krieg und Seuchen dezimierten Deutschen verfielen in Provinzialität und tiefe Verunsicherung. Sicherheit bot nur der jeweilige Duodezfürst, und dessen Herrschaft ordnete man sich gerne unter, Hauptsache, er ließ einen in Frieden brav und bieder leben. Außerdem half dem Freiheitsdenken der Deutschen gewiss nicht, dass ihre Fürsten sich damals nur allzu gern am absolutistischen Regierungsstil des französischen Sonnenkönigs orientierten. Das anarchische Streben und Trachten wurde so weit sublimiert, dass der frühere bayerische Ministerpräsident Franz Josef Strauß einmal unwidersprochen und unnachahmlich gesagt haben soll: »Eine starke Anarchie braucht einen starken Anarchen.« Dem Vernehmen nach soll er nach dieser Maxime den Freistaat auch regiert haben.

Mit diesen Erfahrungen im kollektiven Gedächtnis ist es in der Tat kein Wunder, wenn die Deutschen heute am liebsten nichts dem Zufall überlassen. Alles wird minutiös geplant. Das haben Sie schon selbst bei Ihrer ersten Einladung in eine deutsche Familie gelernt, wo der Termin penibel festgeklopft wurde. Überraschungen mag man nicht, erst recht keine überraschenden Gäste.

Es ist also nur allzu verständlich, dass die Deutschen permanent nach Sicherheit, nach Geborgenheit in dieser unberechenbaren Welt suchen. Verkneifen Sie sich jetzt bitte ein bitteres Lächeln! Sie als Russe wissen spätestens seit 1989 recht genau, welch unangenehme Überraschungen das Leben für all jene in petto hat, die sich dummerweise ein wenig verspäten. Überraschungen, welche die ehemaligen DDR-Bürger vielleicht zum Teil nachvollziehen können, von denen die verwöhnten Bürger der alten Bundesrepublik (die Kriegsgeneration ausgenommen) indes keine Ahnung haben.

Wie dem auch sei – die Deutschen verwenden einen großen Teil ihrer Zeit, ihrer Energie und vor allem ihres Geldes darauf, sich nach allen Seiten abzusichern. Dafür gibt es Versicherungen, die nicht von ungefähr zu den größten und wohlhabendsten Unternehmen des Landes zählen. Anders als in Amerika, das nicht minder vernarrt in Versicherungen ist, wird dieses Sicherheitsdenken in Deutschland vom Staat nach Kräften gefördert. Jeder werktätige Staatsbürger ist verpflichtet, in eine Kranken-, Renten- und Arbeitslosenversicherung einzuzahlen. Schließt er zudem eine Lebensversicherung ab, so kann er deren Prämien von der Steuer absetzen.

Daneben bieten die Assekuranzen eine umfassende Palette von Versicherungen an – von A wie Ausbildung bis Z wie Zusatz für Zahnersatz. Dazwischen wird für jegliche Unbill, ob Hagelschlag oder ein verdorbener Urlaub, finanzieller Ausgleich versprochen. Mittlerweile gibt es Leute, die – so heißt das wirklich – überversichert sind und vor lauter Prämienzahlungen kein Geld mehr fürs Leben übrig haben. Was ihnen fehlt, ist eine Versicherung, die einen vor solchem Malheur bewahrt.

Wer nun aber meint, dass sich die Deutschen in diesem fein gesponnenen Kokon wohlfühlen, der hat sich geirrt. Der Deutsche ist vielmehr leicht zu verunsichern und generell recht krisenanfällig – so sehr, dass er eine Krise ausmacht, wo es keine gibt. Verfolgen Sie einmal über längere Zeit hinweg die Massenmedien, dann erkennen Sie leicht die Symptome. In regelmäßigen Abständen nämlich fragt sich die Nation selbstquälerisch, ob sie denn noch zu etwas tauge.

Kein Anlass ist zu nichtig oder zu weit hergeholt. Kein Deutscher hat in diesem Jahr einen Nobelpreis erhalten? Schon werden Serien und Leitartikel mit dem Titel »Deutschlands Forschung in der Krise« verfasst. Eine Neuinszenierung in Bochum wird ausgebuht? Theater in der Krise. Eine Umfrage in einer französischen Frauenzeitschrift fällt wenig schmeichelhaft für deutsche Liebhaber aus? Der deutsche Mann in der Krise. Alle Abhandlungen über die mannigfachen Krisen kommen indes nie zu einem Ergebnis. Im Allgemeinen tröstet man sich leidlich damit, dass es gegen bestimmte Dinge nicht einmal in Deutschland letzte Sicherheiten gibt.

Umso wichtiger ist es daher dem Deutschen, sein Leben in möglichst festen Bahnen zu führen. Schon Kinder lernen frühzeitig, dass man nicht einfach jederzeit das tun kann, wonach einem der Sinn steht. Viele Dinge haben ihre festen Zeiten – etwa das Spielen auf dem Spielplatz. Was zwischen zehn und zwölf milde lächelnd goutiert wird, kann eine Stunde später die Polizei auf den Plan rufen – sobald nämlich Kinderlärm die heilige Mittagsruhe stört. Wenn Sie für längere Zeit mit Ihrem eigenen Nachwuchs in Deutschland leben wollen, dann sollten Sie Ihre Sprösslinge auf die kommenden Veränderungen einstimmen. Außerdem würde es nicht schaden, ihnen rechtzeitig die Uhr beizubringen.

Auch jede andere menschliche Tätigkeit, die im Freien verrichtet wird und Geräusch erzeugen kann, muss mittags, abends und am Tag des Herrn eingestellt werden. Das werden so viele nicht sein, meinen Sie? Weit gefehlt: Teppichklopfen gehört ebenso dazu wie die Entsorgung alter Flaschen und sogar alter Zeitungen (was meinen Sie, wie sehr das Rascheln von Papier an den Nerven eines ruhebedürftigen Bürgers zerren kann) oder das Schließen von Türen. Es gibt den Beschluss eines deutschen Oberlandesgerichtes, wonach Garagentore zwischen 22 Uhr und sechs Uhr morgens leise funktionieren müssen. Rasenmähen ist ein eigenes Thema: Ein gläubiger deutscher Jude verdankt dieser Mischung aus deutschen weltlichen Vorschriften und jüdischen Glaubensregeln seinen üppig ins Kraut schießenden, weil nie gemähten Rasen. »Wissen Sie«, pflegt er staunenden Besuchern zu sagen, »am Samstag dürfte ich, aber ich darf nicht, und am Sonntag ist es genau umgekehrt.«

Ich habe übrigens gerade einen Punkt erwähnt, der wahrscheinlich erklärungsbedürftig ist: die Beseitigung von Altglas und Altpapier. Sie müssen wissen, dass nichts in Deutschland genauer geregelt ist als die Entsorgung von Müll. Bananenschalen, gebrauchte Papiertaschentücher und anderen Abfall wirft man nicht einfach weg, wie Sie ja an den sauberen Straßen bemerkt haben. Sollten Sie sich allerdings längere Zeit in Deutschland aufhalten und eine eigene Wohnung mit eigenem Müll haben, dann werden Sie um eine Einführung in die Entsorgungsphilosophie nicht herumkommen.

Wie einfach ist es doch daheim in Russland: Müllschlucker auf, den ganzen Kram rein, und irgendwann holt irgendwer von irgendwoher die gesammelten Abfälle ab und bringt sie irgendwohin. Aus den Augen, aus dem Sinn. Früher verfuhr man in deutschen Haushalten ähnlich, aber weil sich hier deutsche zornige junge Leute (und das waren die umweltbewussten Politiker der Grünen zunächst), zu Verfechtern und Vorreitern einer alternativen Politik machten, wurde der Schutz der Natur und der Ressourcen ebenfalls rasch in ein ausgetüfteltes Gefüge voller Normen, Regeln und Verordnungen gepresst.

Das hat unter anderem dazu geführt, dass Sie Ihren Hausmüll sorgfältig vorsortieren müssen: Was wiederverwertbar ist, wird gesammelt. Weil das im Sinne der Umweltschonung immer mehr wird, vermehren sich in deutschen Städten die Ansammlungen hässlicher Container für Glas, Papier, Aluminiumdosen und Ähnlichem. Aus Küchenabfällen sollten Sie im Idealfall Ihren eigenen Blumendünger kompostieren, und der ganze nicht mehr verwertbare Plastikdreck trägt einen grünen Punkt und gehört in einen giftgelben Sack. Denkbar, dass es auch umgekehrt ist. Oder er ist blau. Mit lila Punkten. Der Deutschland-Korrespondent der französischen Tageszeitung *Le Monde* versuchte einmal mit mildem Sarkasmus den Unterschied zwischen den beiderseits des Rheins lebenden Völkern zu umreißen: »Die Deutschen scheinen nur mit drei verschiedenen Mülltonnen glücklich sein zu können; die Franzosen brauchen nicht so viel zu ihrem Glück.«

Das alles hat zur Folge, dass Abfallbehälter in vielen deutschen Haushalten hinter Schloss und Riegel kommen. Fachgeschäfte bieten zu diesem Zweck bereits Müllschlösser an, die an den Tonnen befestigt werden. Nicht dass man befürchtete, jemand könnte Müll stehlen (so paranoid ist man selbst hierzulande nicht), vielmehr könnten Unbefugte etwas in die Tonne werfen. In vielen Gemeinden ist die Müllentsorgung nämlich derart teuer geworden, dass es sich durchaus lohnen würde, die eigenen leeren Konservendosen auf Nachbars Müllhalde abzuladen.

Sollten Sie noch letzte Zweifel daran haben, welchen Bedeutungswandel das Wort Müll im Deutschen erfahren hat, dann müssen Sie nur einmal heimlich einem Ihrer Nachbarn folgen, wenn er sein Auto selbst mit Abfall vollgepackt hat und mit selbstzufriedenem Grinsen vom Hof rollt. Nein, es ist nicht, was Sie denken, obwohl ich Ihnen den Gedanken nicht verdenken kann. Bei Ihnen daheim würde der Nachbar wahrscheinlich hinaus in die Natur fahren und seinen Müll in einem abgelegenen Waldstück endlagern. Ihr deutscher Nachbar hingegen entsorgt selbst. Nur dass er dazu nicht auf eine Müllhalde fährt, sondern auf einen sogenannten Wertstoffhof.

Sie haben richtig gelesen: Wertstoffe. Auch wenn Sie sich noch so sehr die Augen reiben und am Kopfe kratzen: ob Schuhkartons oder Thunfischdosen – Abfall wird in Deutschland beinahe mit Gold aufgewogen. Das selbstgefällige Lächeln Ihres Nachbarn freilich rührt nicht daher, dass er selbst Geld einstreichen würde für seinen Müll. Es ist vielmehr ein Lächeln der Selbstlosigkeit. Er weiß, dass er Gutes tut – für sein Dorf, für sein Land, für den ganzen Globus und damit indirekt auch für Sie Schmutzfinken und für Ihre Landsleute daheim. Die ganze Welt, sie soll genesen, am deutschen Mülltrennungswesen.

Strikt vom Rest des Mülls getrennt ist Glas, und ein eigenes Kapitel ist die Entsorgung leerer Flaschen. Hier müssen Sie unbedingt darauf achten, dass Sie braune Flaschen in den Braunglasbehälter und nicht in den Container für grünes oder farbloses Glas werfen. Falls Sie einen Fehler machen, wird Sie ein freundlicher Mitwerfer sogleich darauf aufmerksam machen. Erwidern Sie um Himmels willen nicht, dass es auf eine braune Flasche unter all dem grünen Glas wohl kaum ankomme. In Deutschland hat man für diesen und ähnliche Fälle – Sie erinnern sich – ein Standardargument parat, das sich schlecht widerlegen lässt: »Wenn das alle täten...« In den mitklingenden drei Punkten schwingen das Chaos, ja die apokalyptische Unordnung mit, die gewiss ausbräche, würde man nicht den Teufel an die Wand malen.

Es bleibt natürlich nicht aus, dass sich die Deutschen in ihrer Perfektionssucht in Problemen verheddern, die es so nirgendwo sonst auf der Welt gibt. Als eine Mineralwasserfirma – nicht deutscher Provenienz, versteht sich – ihr Produkt in blitzblaue Fläschchen abzufüllen begann, löste dies in mehreren deutschen Gemeinden bürgerkriegsähnliche Zustände aus. Umweltbewusste Bürger forderten von ihren Stadtverwaltungen Blauglascontainer, die sparbewussten Stadtverwaltungen rieten ihren Bürgern von dem blauen Wasser ab, was ihnen den Vorwurf eintrug, ein sozialistisches Konsumverbot auszusprechen. (Nebenbei bemerkt: So kann nur sprechen, wer den Sozialismus nie kennengelernt hat.) Wie die Sache ausgegangen ist, weiß ich nicht. Beängstigend ist nur, dass blaue Flaschen weiter im Angebot sind, aber keine Blauglascontainer aufgestellt wurden.

An dem kleinen Müllbeispiel – das sich mühelos zu einem eigenen dreibändigen Werk über das Thema erweitern ließe – sehen Sie, dass sich die Deutschen auch dieser Frage mit der ihnen eigenen Inbrunst verschrieben haben. »Deutsch sein«, so sagt man, »heißt, eine Sache um ihrer selbst willen tun.« Es war nie die Rede davon, die Abfallbeseitigung von dieser Maxime auszunehmen. Mittlerweile leben ökologisch bewusste Bürger in verschiedenen Regionen des Landes nach einem akkurat durchgerechneten städtischen Abfallkalender, wenn sie wissen wollen, wann der Hausmüll, wann der Grüne-Punkt-Abfall, wann Schadstoffe und wann Altbatterien entsorgt werden. Falls Sie den Überblick verlieren, welche Tonne an welchem Tag für die Müllabfuhr auf die Straße gerollt werden muss, dann stehen Sie einfach ein wenig früher auf und gucken, was der Nachbar macht.

Weniger glücklich endete das Experiment, die in Ostdeutschland stationierten Soldaten der Westgruppe der sowjetischen Streitkräfte »im militärischen Alltag umweltgerechtes Verhalten« zu lehren. In russischer Sprache ließ die Bundesregierung 200 000 Handbücher drucken, die unter anderem »praktische Hinweise und Informationen über Abfallbeseitigung« enthielten. Und weil man vom russischen Soldaten nicht erwarten konnte, dass er stets mit einer kleinen Handbibliothek ins Feld zog, steckte man ihm eine Kurzversion in Form eines Faltblattes in Postkartengröße mit in den Tornister. Das Blatt war übrigens reißfest, wohl deshalb, damit *jefrejter* Kusnezow nicht in Versuchung kam, die Informationen in Müll umzuwandeln. Dass der Versuch nicht so erfolgreich verlief, wie man sich das vorgestellt hatte, lag hauptsächlich daran, dass sich niemand über die Müllsozialisierung russischer Soldaten durch den bequemen Müllschlucker in der Treppenhauswand informiert hatte.

Hinter der Idee stand natürlich – wie könnte es anders sein – die Bürokratie. Darum sollten Sie über die deutschen Beamten ein wenig informiert sein, auch wenn sie sich nicht wesentlich von ihren Kollegen in anderen Ländern unterscheiden. Überhaupt hat es den Anschein, als ob Bürokraten die einzig wahren Weltbürger seien, und das seit Hunderten von Jahren. Gäbe es zum Glück nicht die Sprachprobleme, dann würde die Erde vermutlich schon längst von einer Weltregierung beherrscht, die sich aus Finanzinspektoren und Abteilungsleitern aller Herren Länder zusammensetzte – mit einem Regierungsdirektor an der Spitze.

Immerhin lässt sich vermuten, dass der bürokratische Mythos seinen Ursprung in Deutschland hat. Schließlich ist es Heimatland der märchenhaften Kleinstadt Schilda und ihrer wackeren Bürger. Diese wiederum sind ihrerseits nur die Nachkommen der viel älteren Lalen von Laleburg, ebenfalls deutschen Geschlechts. Beide, Schildbürger wie Lalen, haben vorweggenommen, was Bürokraten bis zum heutigen Tage auszeichnet: mit großem Ernst noch größeren Unsinn zu beschließen, für den größte Summen Geldes aufzubringen sind. Oder gibt es etwa einen großen Unterschied zwischen den Schildbürgern, die ein Rathaus ohne Fenster bauten und das Sonnenlicht in Säcken und Kannen hineinzuschaffen suchten, und jenen neuzeitlichen Baureferenten, die Brücken errichten ließen, für die es keine Straßen gab?

Ich weiß, auch Russen können auf eine an Irrsinn reiche Tradition bürokratischen Fehlverhaltens zurückblicken. Indes: Es gibt einen großen Unterschied zu Deutschland. Moskaus Machthaber haben ihre Untertanen immer sehr gut gekannt und daher sehr wohl gewusst, dass sie bei der kleinsten Gelegenheit ausbüchsen und sich vor jeder Verantwortung drücken würden. Infolgedessen erließen sie stets die rigidesten Vorschriften, damit das bisschen, das die Bürger davon einhalten, ein einigermaßen funktionierendes Staatswesen ermöglicht. Ein Quäntchen Ermessensspielraum nur, und die Folge wäre allgemeine Anarchie gewesen.

Die Deutschen hingegen scheinen sich freiwillig ihren Bürokraten unterzuordnen. Mit dem alten Obrigkeitsstaat, wie Sie ihn aus der Literatur kennen, hat das nichts mehr zu tun. Den hatten die alten Preußen erfunden, die ihren Beamten zwar nicht viel Geld, zum Ausgleich aber Macht und eine Uniform geben konnten.

Wie viel Macht selbst niedrigste Beamte genossen, belegt eine Anekdote, wonach 1919 die Revolution in Deutschland an einem Bahnvorsteher scheiterte. Der imposante Mann mit dem hochgezwirbelten Schnauzbart verweigerte einer Gruppe deutscher Bolschewiken den Zutritt zum Bahnhof, weil sie keine gültigen Bahnsteigkarten hatten.

Oft aber reicht schon das geschriebene Wort. Ebenfalls im revolutionären Nachkriegsberlin misslang es den Aufständischen, das königliche Stadtschloss zu stürmen. Als Grund wurde der Nachwelt überliefert, dass sich die Vorhut der proletarischen Massen an eine schriftliche Aufforderung hielt, die das Betreten des Rasens rund um das Schloss untersagte. Wie viel Unheil wäre unserem Volk erspart geblieben, wenn Wladimir Iljitsch Lenin während seiner Zugfahrt durch Deutschland nach Petrograd ein paar Hundert deutsche Bolschewiken für seine Revolution mitgenommen hätte. Sie hätten vermutlich Eintrittskarten für die Eremitage gelöst, anstatt sie zu erstürmen.

Das Schlüsselwort zum besseren Verständnis heißt »verboten«. Weil in Deutschland einem alten Grundsatz zufolge alles verboten ist, was nicht ausdrücklich erlaubt ist, gibt es Ausländer, die von einem längeren Aufenthalt in diesem Land nicht mehr von der Landessprache mitnehmen als dieses Wort. Auf alle Fälle ist es meist das erste deutsche Wort, das man erlernt. In der Tat gehen Sie nur dann auf Nummer sicher, wenn Sie eine Aufschrift lesen, dass das Baden in diesem Weiher oder der Bummel über jene Wiese erlaubt sind. Allerdings scheint es Abstufungen der Verbote in Deutschland zu geben, da ein schlichtes »Verboten« zu einem »Streng verboten« gesteigert werden kann. Worin der Unterschied liegt, habe ich nie herausfinden können. Offen gestanden, ich möchte es auch lieber nicht wissen.

Einmal abgesehen von der Verbotssucht, ist das deutsche Obrigkeitsdenken heute – gottlob – weitgehend ausgestorben. Heute verdienen Beamte oft besser als Angestellte, Briefträger erkennt man nicht an steifen

Mützen und Litzen an den schwarzen Hosen, sondern an Jeans und T-Shirt, und sogar beschweren kann man sich über die Staatsdiener (auch wenn dies weiterhin ein leicht irreführendes Wort ist, das nicht der Komik entbehrt, wenn man es wörtlich ins Russische übersetzt). Dennoch ist die Bürokratie ein Staat im Staate geblieben. Warum?

Hier hilft die uns bereits geläufige Maxime, dass Deutsche auch nichts Unvernünftiges tun, solange sie nicht wenigstens eine vernünftige Begründung dafür haben. Deutschlands öffentlicher Dienst – mit sieben Millionen Beschäftigten immerhin die größte Organisation Europas – funktioniert genau nach diesem System. Seine Begründungen sind nur innerhalb des geschlossenen Systems, in dem sie entstehen, logisch. Sie werden zwar Ihrem gesunden Menschenverstand und dem, was Sie für Logik halten, zuwiderlaufen – nützen wird Ihnen das bei Ihrer Argumentation mit der Behörde aber nichts.

Diese Erfahrung machen auch Deutsche, ja sogar Volksvertreter wie ein CDU-Bundestagsabgeordneter aus Thüringen. Im Kabelschacht seines Büros war eine Maus verendet, und der Kadaver stank. Als einfacher Mensch aus dem deutschen Osten und als solcher mit den Feinheiten der durchorganisierten alten Bundesrepublik nicht hinreichend vertraut, suchte er nach einem Hausmeister, der den Mäusekadaver aus dem Schacht entfernen sollte.

Er, der Abgeordnete, nicht der Kadaver, hatte die Rechnung ohne die Verwaltung gemacht: Zwölf Dienststellen bezeichneten sich als unzuständig, die dreizehnte erstellte schließlich einen Schlachtplan:

Ein Mann vom Sicherheitsdienst öffnet den Kabelschacht, durch den streng geheime Telefon- und Computerleitungen verlaufen; ein Gärtner entfernt die tote Maus (vermutlich, weil er aufgrund seines Berufes einschlägige Erfahrungen mit verendeten Nagern nachweisen kann); eine Spezialfirma beseitigt Spuren von Mäuse- und Leichengift, damit es sich nicht im Abgeordnetenhochhaus verbreite; eine Reinigungsfirma schließlich räumt den normalen Dreck weg.

Das ist kein Einzelfall, aber er zeigt, wie sich in Deutschland Perfektionismus, Sicherheitsdenken und der Wunsch, nirgends anzuecken und alle möglichen Beschwerdegründe von vornherein auszuschließen, unweigerlich zu einem Schildbürgerstreich zusammenfinden. Sie können mir getrost glauben, wenn ich Ihnen sage, dass Beamte vor dem Bau eines öffentlichen Gebäudes die Höhe jeder einzelnen Treppenstufe festlegen und verbindlich vorschreiben. Einen Grund werden sie sicher dafür haben, auch wenn er sich Außenstehenden weder auf Anhieb noch nach tiefem Grübeln erschließt.

Ein paar weitere Proben gefällig? Beispiel Hannover: Hier sind Radwege nur noch mit Piktogrammen von Damenrädern gekennzeichnet. Der Grund: Eine Frauenbeauftragte hatte sich darüber empört, dass früher – welch Ausbund an männlichem Chauvinismus – ausschließlich Herrenräder mit der Querstange auf den Wegen abgebildet waren.

Beispiel Bundesbahn: Der Verkehrsclub Deutschland hat für deutsche Züge dringend die Einrichtung getrennter Damen- und Herrentoiletten gefordert. Natürlich hat er einen guten Grund: Offensichtlich hat sich bei der Bahn noch niemand Gedanken über die Zielgenauigkeit von Stehendnutzern bei schlingernder Kurvenfahrt gemacht.

Beispiel Weltfrieden: Drei Jahre lang war der Inder Vikas Singh mit seiner Fahrradrikscha unterwegs. Unter dem Motto *Global Friendship and Peace* schob er sein Gefährt 42 000 Kilometer weit – durch Südostasien, China, Russland, Skandinavien und Polen. Gestoppt wurde er erst in Deutschland – wo eine Rikscha ohne Sattel und Pedale auf der Autobahn gegen die Straßenverkehrsordnung verstößt.

Beispiel Computerbranche: Der Bundesverband der Gewerbetreibenden zur Förderung der Gleichheit im Wettbewerb e. V. (so was gibt es tatsächlich) hat der metrischen Diskette eine Lanze gebrochen. In Dortmund, wo der Verband beheimatet ist, sah man nicht ein, dass die Software auf 3,5-Zoll-Disketten angeboten wird, wo doch 8,889 Zentimeter so viel eingängiger sind. Einen guten Grund hat der Bundesverband nicht, aber etwas Besseres: ein Urteil des Oberlandesgerichtes Hamm.

Jetzt werden Sie – bestimmt nicht zum ersten Mal – den Kopf schütteln und sich fragen, ob es denn keine Abkürzungen durch die deutsche Bürokratie gibt. Ich weiß schon, was Sie meinen, aber ich muss Sie enttäuschen. Die kleine Gefälligkeit, der im Formular versteckte Geldschein, alles, was den Russen das Leben so viel leichter macht, beginnt sich in Deutschland erst zaghaft zu entwickeln. Es ist nicht mehr so schlimm wie früher, wo ein deutscher Beamter unbestechlich wie ein Erzengel auf seinem Bescheid beharrte, nein, auch in diesem Bereich bahnt sich eine gewisse Öffnung, größere Flexibilität an.

Diese Revolution wurde in Deutschland übrigens von oben angestoßen und nicht von den Massen. In den Achtziger- und Neunzigerjahren des vergangenen Jahrhunderts wurde eine Reihe von Skandalen bekannt, in welche die Geschäftswelt und die Politik verwickelt waren. Politiker ließen sich ihre Arbeit mit kleinen Aufmerksamkeiten vergüten, große Firmen wurden pro-aktiv – wie das auf Neudeutsch heißt – tätig, um sich Aufträge an Land zu ziehen – ganz banaler Alltag also, würden Sie vermutlich sagen. Aber in Deutschland war es nicht die Kolchosverwaltung von Nischni Nowgorod, die sich schmieren ließ. In Deutschland war auch die Korruption gleich ein paar Nummern größer: Weltfirmen wie Siemens, Volkswagen, Daimler oder Infineon wurden dabei ertappt, Kunden mit Gefälligkeiten bei Laune zu halten. Dabei ging es auch meist um Summen, bei denen der Normalverbraucher nicht mithalten konnte. Siemens beispielsweise sollte eine Milliarde Euro in Bestechungssummen investiert haben – und dafür hätte man in der Sowjetunion das ganze Politbüro und das halbe Zentralkomitee kaufen können, mit Kleingeld übrig für den KGB.

Das Beispiel hat langsam Schule gemacht. Immer mehr Politiker und ganze Parteien geraten in Spendenstrudel und versinken in Spendensümpfen. Im internationalen Vergleich hat Deutschland seine Spitzenposition als aufrichtige, ehrliche und unschuldig lautere Nation an so langweilige Staaten wie Finnland, Neuseeland oder Dänemark abtreten müssen. In einer der jüngsten Erhebungen zu diesem Thema war sogar das im Allgemeinen als anrüchig geltende Hongkong an den Deutschen vorbeigezogen.

Eigentlich hätte dies die Nation ebenso entrüsten müssen wie eine Niederlage im Fußball gegen Norwegen. Aber zum einen hat die deutsche Fußballnationalmannschaft dieses Kunststück bereits geleistet, zum anderen empört sich die deutsche Öffentlichkeit nur dann so richtig inbrünstig über pekuniäre Durchstechereien, wenn man eine Person mit ihnen in Verbindung bringen kann. Als eine Ministerin dabei ertappt wurde, dass sie sich den Dienst-Mercedes in den Spanienurlaub nachfahren hatte lassen, wogte der Volkszorn mächtig hoch. Eigentlich kein Wunder, hatte die Volksvertreterin doch gleich zwei Heiligtümer auf einen Streich entweiht: Ferien und Autos. Für beide muss der Durchschnittsdeutsche hart arbeiten. Wer sich hier etwas zu erschleichen sucht, der kann auf kein Verständnis zählen.

Wenn es freilich darum geht, sich ein Scherflein vom gierigen Vater Staat zurückzuholen, dann legt man mittlerweile flexiblere Maßstäbe an. Ja, inzwischen zeigt man sogar großen Einfallsreichtum – wie beispielsweise im Finanzamt der oberbayerischen Stadt Wolfratshausen. Da waren die Behörden darauf gestoßen, dass die Finanzbeamten persönlich gegen ein angemessenes Honorar die Steuererklärungen der Bürger erstellt und in einem Aufwasch auch gleich genehmigt hatten. Vorerst überwiegen die Pannen – auf beiden Seiten. In Hamburg etwa machte eine Reinigungsfirma Pleite, die mit Bestechungsgeldern an Aufträge vom Universitätskrankenhaus kommen wollte. Der Fehler: Die Schmiergelder waren höher als der derart unlauter erzielte Umsatz. Und in Münster flog ein Hauptsekretär beim Jugendamt auf, weil er plötzlich nicht mehr mit dem Fahrrad, sondern mit einem Rolls-Royce zum Dienst erschien.

Obzwar die Deutschen in dieser Hinsicht noch viel von anderen Nationen lernen können, rate ich Ihnen eindringlich von Versuchen ab, Beamte zu korrumpieren. Noch sind es Einzelfälle, noch ist das Risiko rein rechnerisch zu groß, an einen ehrlichen Bürovorsteher zu geraten, dessen Reaktion auf Ihre Gefälligkeit unberechenbar ausfallen könnte. Geben Sie den Deutschen noch ein wenig Zeit, und probieren Sie es in ein paar Jahren.

Leider hat man vielversprechende Anlagen mittlerweile im Keim erstickt. So hatte der deutsche Gesetzgeber höchstpersönlich viele Jahre lang einen bahnbrechenden Beitrag zur Förderung der Korruption geleistet, der weit über die jahrtausendealten Erfahrungen gewachsener Bakschischkulturen hinausreichte: Schmiergelder, die man schwarz und unter der Hand im Ausland bezahlte, konnte man in Deutschland ganz legal als »nützliche Aufwendungen« von der Steuer absetzen. Ein derartiger Geniestreich wäre Russen nie gelungen. Denn dazu brauchte man außer der Korruption einen ohne Schmiergeld arbeitenden Fiskus.

Rechtsschutz, Rechtsanwälte und Rechthaber:
Wo bleibt die Gerechtigkeit?

Stellen Sie sich einmal vor, Ihr alter Datschennachbar Viktor Antonitsch nimmt eines schönen Tages Anstoß an Ihrem Apfelbaum. Dessen Zweige, so beschwert sich Antonitsch, hingen über den Zaun auf seine Parzelle. Dort aber nähmen sie sowohl seinem Salatbeet die Sonne als auch ihm selbst, wenn er im Liegestuhl ruhe. Ganz schlimm sei es im Herbst, weil Ihr Baum da sein Obst auf Viktors Grundstück fallen lasse, wo es verrotte und einen üblen Gestank verbreite.

Mir ist durchaus bewusst, dass ich Ihre Vorstellungskraft über Gebühr strapaziere. Ihren Nachbarn auf der Datschensiedlung kennen Sie seit vielen Jahren. Sie sind aufs beste miteinander befreundet, helfen einander aus, und von den Äpfeln Ihres Baumes kriegt Antonitsch zu jeder Erntezeit einen Zentner ab, auf dass seine Frau die Früchte zu Kompott oder Gelee verarbeite, zu Labsal und Nahrung in der harten Winterszeit.

Sprengt das bisher Gesagte bereits den Rahmen

Ihrer schwärzesten Phantasien, so halten Sie sich fest: Es kommt noch schlimmer. Stellen Sie sich also weiter vor, dass Viktor Antonitsch auf kein begütigendes Wort Ihrerseits eingeht. Er ruft vielmehr die Miliz auf die Datscha und erstattet Anzeige gegen Sie wegen Ihres Apfelbaumes. Die Dinge nehmen ihren Lauf, und eines Tages sehen Sie sich vor dem Richter wieder, der Sie dazu verurteilt, das Geäst des Baumes zurechtzustutzen.

Ich kann es Ihnen nicht verdenken, wenn Sie sich jetzt an den Kopf greifen und die Vermutung äußern, dass der Autor dieser Zeilen offensichtlich übergeschnappt sei. Die soeben geschilderte Szene ist absolut undenkbar, selbst im neuen Russland, wo man seine Äpfel dem Nachbarn auch nicht mehr schenkt, sondern verkauft. Es sei denn, man holt sich gleich aus Chile importierte Golden Delicious aus der Lebensmittelabteilung im Kaufhaus GUM.

Doch in Deutschland ist das Undenkbare Alltag. Manchmal hat es den Anschein, als ob die Deutschen keinen besseren Zeitvertreib kennten, als vor Gericht zu ziehen – oft, versteht sich, wegen Nichtigkeiten. Ein Rentner aus Bad Segeberg etwa prozessierte bis vor den Dritten Senat des schleswig-holsteinischen Oberverwaltungsgerichts, weil er höchstrichterlich die Schicksals- und Daseinsfrage entschieden haben wollte, ob ein Bürger vor Betreten einer Amtsstube anklopfen müsse oder nicht.

In diesem Fall urteilten die Richter außergewöhnlich vernünftig, indem sie die Klage abwiesen. Klopfen oder nicht klopfen, so ihr Urteil, sei keine juristische Frage, sondern ausschließlich eine Frage der Höflichkeit und des guten Benehmens. Beides hat der Gesetzgeber nicht ausreichend definiert (in Deutschland eher die Ausnahme), sodass Richter diese Begriffe nicht justitiabel machen können. In anderen Fällen verlieren sich Deutschlands Juristen jedoch nur allzu gern im Dickicht der Paragrafen, wenn ein Bürger wieder einmal eine Streitfrage prinzipiell geklärt zu haben wünscht.

Die Zahlen sprechen für sich: Bei den Amtsgerichten der Bundesrepublik Deutschland – der untersten Instanz – sind jedes Jahr fast zwei Millionen sogenannte Zivilverfahren anhängig, mit jährlich steigender Tendenz. Ein Viertel davon entfällt auf Nachbarschaftsklagen – etwa wegen eines Apfelbaumes in Nachbars Garten.

Dass ich diesen Fall nicht an den Haaren herbeigezogen habe, kann ich Ihnen beweisen. Lassen Sie mich nur zwei Absätze aus einer Klageschrift eines Haus- und Gartenbesitzers zitieren, der seine Nachbarin – wenn auch nicht wegen eines Apfelbaumes – vor den Kadi gezerrt hat: »II. Die Beklagte zu 2) wird verurteilt, es zu unterlassen, Zweige von Bäumen und Sträuchern, insbesondere der Felsenbirne und des Pfeifenstrauchs sowie der Fichtenhecke im Norden des Grundstückes, umzubiegen oder abzubrechen. III. Der Beklagten zu 2) wird für jeden Fall der Zuwiderhandlung gegen Ziff. II. ein Ordnungsgeld bis zu 250 000.– Euro und für den Fall, dass dieses nicht beigetrieben werden kann, Ordnungshaft bis zu 6 Monaten angedroht.«

Lassen Sie sich nicht erschrecken. Niemand wird von Ihnen eine Viertelmillion verlangen oder Sie für ein halbes Jahr ins Gefängnis stecken wollen, weil Sie sich während eines Urlaubs in Deutschland versehentlich an einer fremden Felsenbirne vergreifen. Die Möglichkeiten, Opfer der deutschen Prozesswut zu werden, sind im Urlaubsfall eher begrenzt. Falls Sie sich aber dazu entschlossen haben, beruflich oder privat länger in Deutschland zu bleiben, kann es nicht schaden, diese nicht unbedeutende Charaktereigenschaft Ihrer Gastgeber ein wenig kennenzulernen.

Erste theoretische Studien können Sie übrigens ganz bequem zu Hause beginnen. Nehmen Sie den deutschen Klassiker Heinrich von Kleist zur Hand und lesen Sie seine Novelle *Michael Kohlhaas*, die zur Zeit der Reformation im 16. Jahrhundert spielt. Wenn Ihnen bei dieser Lektüre nicht die Haare zu Berge stehen, dann sind Sie wirklich für jede Eventualität in Deutschland gerüstet.

Die literarische Figur des Kohlhaas ist so deutsch, wie Wilhelm Tell schweizerisch, Tartarin von Tarascon französisch und Pawel Iwanowitsch Tschitschikow russisch ist. Kohlhaas, ein Pferdezüchter aus dem Brandenburgischen, wird von einem Junker ungerecht behandelt, der ihm zwei schmucke Rappen entwendet und bei der Feldarbeit zu Schindmähren verkommen lässt. Verständlich, dass dem Michel Kohlhaas dies missfällt, aber weil er ein Deutscher ist, beschreitet er den Rechtsweg, um seine Pferde gesund und vom Junker hochderoselbst »dickgefüttert« wiederzubekommen.

Nun hätte selbst der beschränkteste russische Muschik aufgrund seiner Erfahrungen mit der Obrigkeit und der Justiz das Ergebnis dieser Mühen von vornherein gekannt. Wie heißt es doch so realitätsnah in einem russischen Sprichwort: Vor Gott stelle eine Kerze auf, vor dem Richter einen Geldsack. Wer dies nicht tut –

und Kohlhaas glaubte doch tatsächlich auf dieses elementare Hilfsmittel verzichten zu können –, wird lange auf sein Recht warten können. Selbst Briten, die sich viel auf ihren gewachsenen Rechtsstaat einbilden, sind nicht so weltfremd. »Auf See und vor Gericht«, sagen sie in realistischer Einschätzung des Lebens, »befindest du dich in Gottes Hand.«

Kleists Pferdehändler indes geht durch alle Instanzen. Erst als ihm nirgendwo Gerechtigkeit widerfährt, beschließt er, sich diese selbst mit Gewalt zu verschaffen – eine Idee, auf die ein unternehmender russischer Kohlhaas in einer ähnlichen Situation von Anfang an gekommen wäre, ohne die umständlichen und überflüssigen Umwege durch die Gerichte. Es kommt, wie es kommen muss: Der Landfriedensbrecher Kohlhaas wird gefasst und zum Tode verurteilt. Aber sein Widerpart, der Junker, wird von den Behörden dazu verurteilt, die Pferde wieder hochzupäppeln. Unter dem Schafott erhält Kohlhaas die Genugtuung, seine Rösser gesund und fett vorzufinden. Gerechtigkeit ist geschehen, und voll innerem Seelenfrieden beugt er den Kopf unter das Richtbeil. De jure kann man wohl von einem deutschen Happy End sprechen.

Seither sind ein paar Hundert Jahre vergangen, und mittlerweile beginnen die Deutschen selber festzustellen, dass sie es mit ihrer Paragrafenreiterei vielleicht doch ein wenig zu weit treiben. »Sind wir das Volk der Querulanten?«, fragte eine seriöse Wochenzeitschrift. Die Antwort kam verschlüsselt, aber deutlich: allem Anschein nach ja. Die Umgangssprache kennt den negativ besetzten Begriff des »Prozesshansels« und sogar die höchsten Staatsorgane, Bundeskanzler und Bundespräsident, haben die allzu große Prozessfreudigkeit der Deutschen beklagt. Das frühere Staatsoberhaupt Roman Herzog forderte eine »Ethik der Klageerhebung«. Vermutlich meinte er damit, dass jedermann vor einem Gang zum Anwalt still mit sich zurate gehen solle, ob seine Beschwerde überhaupt sittlich zu rechtfertigen sei. Wahrscheinlich sprach er aus bitterer Erfahrung: Der studierte Jurist war jahrelang Richter am Bundesverfassungsgericht.

Bezeichnenderweise machten sich Kanzler und Präsident ihre Gedanken anlässlich einer Feierstunde vor diesem höchsten deutschen Gericht. Bezeichnenderweise, weil deutsche Berufspolitiker zunächst einmal mit sich selbst zurate gehen sollten. Die in rote Roben gehüllten Verfassungsrichter mussten nämlich im Laufe der vergangenen Jahre immer mehr Fälle entscheiden, die in anderen Ländern Sache der Parlamente gewesen wären. Auch die Vergangenheit wird in Deutschland häufiger im Gerichtssaal als in der politischen Diskussion bewältigt: Ob Naziverbrecher, Stasischergen oder linksextreme Terroristen – die Urteile werden immer im Namen des Volkes und nicht von einem politisch wachen und interessierten Volk ausgesprochen. So betrachtet, hat es in der knapp fünfzigjährigen Geschichte der Bundesrepublik vermutlich mehr politische Prozesse gegeben als in den gut siebzig Jahren Sowjetunion.

Wo die politische Führung des Landes mit schlechtem Beispiel vorangeht, kann der Durchschnittsbürger nicht zurückstehen. Die Sucht, recht zu haben, zu behalten oder zu bekommen, beschäftigt mittlerweile in der Bundesrepublik mehr als 70 000 Anwälte – das ist fast ein europäischer Rekord, sieht man einmal vom

Sonderfall Griechenland ab, wo es manchmal so scheint, als ob es überhaupt keinen anderen Berufsstand gäbe. Russland freilich hält es mit der Tradition. Noch immer rangiert der Strafverteidiger in den Augen des Richters, der Schöffen und großer Teile der Öffentlichkeit nur um wenige Millimeter über dem Angeklagten. (Machen die beiden denn nicht vor aller Augen gemeinsame Sache?!) Der Staatsanwalt genießt in Russland zudem den unübertrefflichen Vorteil, dass er den heiligen und unfehlbaren Staat vertritt, weshalb er auch letzten Endes als Einziger immer recht bekommt.

Kein Anlass erscheint den Deutschen zu gering, um nicht die Justiz damit zu beschäftigen. Da Sie dieses Kapitel ohnehin unter Kopfschütteln lesen und es als Teil eines phantastischen Märchenbuches betrachten, kann ich Ihnen getrost einige Beispiele aufzählen. Sie werden ahnen, dass diese keinesfalls Anspruch auf Vollständigkeit erheben. Einfach glauben müssen Sie mir, dass es sicher noch abstrusere Fälle gibt – wird doch an deutschen Gerichten täglich aufs Neue Rechtsgeschichte geschrieben.

Um kleine Knopfbatterien ging es beispielsweise einmal vor dem Bundessozialgericht in Kassel, der höchsten Sozialgerichtsinstanz im Lande. Die Klägerin, eine schwerhörige Dame, wollte nicht einsehen, dass ihre Krankenkasse ihr die Kosten der Batterien für ihr Hörgerät zu ersetzen nicht bereit war. »Blinde bekommen das Futter für ihre Blindenhunde und wir keine Batterien für die Hörgeräte – da stimmt doch was nicht«, wagte sie einen reichlich kühnen Vergleich. Das Gericht fand jedoch, dass hier alles mit rechten Dingen zugehe, und wies die Klage ab. Schwerhörige könnten das Geld für die Batterien selbst berappen, weil die Aufwendungen »geringfügig« seien. Offensichtlich kosten die kleinen Stromspender weniger als Hundefutter aus der Dose.

Einen tiefen Einblick in sein eigenes Sexualleben gestattete ein Amtsrichter in Mönchengladbach einem Kläger, der von einem Reisebüro Geld zurückverlangte, weil er während eines Menorcaurlaubs mit seiner Freundin in zwei Einzelbetten statt in einem King-Size-Doppelbett untergebracht war. Lassen Sie sich, der Sie Ihre sexuellen Erfahrungen ich-will-lieber-nicht-wissen-wo gesammelt haben, die Klage des geprellten Liebhabers auf der Zunge zergehen: »Ein harmonisches Zusammensein mit meiner Partnerin war nahezu völlig verhindert, weil die Betten bei jeder kleinsten Bewegung mittig (!) auseinandergegangen sind.«

Der Richter stand dieser Lyrik in nichts nach: »Erstens«, so urteilte er, seien ihm »mehrere allgemein bekannte und übliche Variationen der Ausführung des Beischlafes vertraut, die auf einem einzelnen Bett ausgeübt werden können, und zwar durchaus zur Zufriedenheit aller Beteiligten.« Und zweitens hätte der Kläger ein Auseinanderdriften der beiden Einzelbetten mit seinem Hosengürtel verhindern können. Den hätte er im konkreten Fall vermutlich ohnehin nicht benötigt.

Beliebt ist bei deutschen Klägern, kleine Beschwerden zu massiven Angriffen auf die Menschenrechte aufzublasen. So schoss ein Stuttgarter mit Kanonen auf Tauben, dem man verboten hatte, diese Tiere auch weiterhin zu füttern. Er sah darin einen Verstoß gegen das Grundrecht auf die freie Entfaltung der Persönlichkeit.

Um nichts Geringeres als die Menschenwürde ging

es bei einem Fall, den das Verwaltungsgericht in Kassel zu verhandeln hatte. Die sah eine 66-jährige Rentnerin verletzt, weil ihr das Sozialamt einen Zuschuss zur Anschaffung einer elektrischen Brotschneidemaschine verweigerte. Wegen Arthritis, so argumentierte sie, seien ihre Hände »fast gebrauchsunfähig«; wegen einer Magenoperation müsse sie sich hauptsächlich von Weißbrot ernähren, das beim Schneiden mit einem gewöhnlichen Messer jedoch zerbrösele. Wir sehen an diesem Beispiel abermals die Wahrheit der Maxime bestätigt, dass kein Deutscher etwas ohne gute Begründung tut.

Man könnte diese Liste von Beispielen beliebig fortsetzen. Es gibt nichts, was nicht gerichtsnotorisch werden könnte: Hundekot und Hundeurin, in welcher Position man in einem städtischen Schwimmbad auf der Rutsche ins Wasser gleiten darf, wie groß ein Misthaufen sein darf, neurotische Schweine und frei laufende Rinder und Seitensprünge eines Ehemannes, gegen die einmal in der schönen Pfalz nicht die Frau, sondern die Schwiegermutter klagte: Sie verlangte von dem untreuen Schwiegersohn die Herausgabe sämtlicher Geschenke. Ein Geheimtipp: Wenn Sie sich länger in Deutschland aufhalten, die Sprache gut verstehen und sich königlich amüsieren wollen, dann sollten Sie sich einen Vormittag lang in irgendein Amtsgericht setzen.

In diesem Fall stehen die Chancen gut, dass Sie Zeuge einer der so beliebten Nachbarschaftsstreitigkeiten werden, die ich Ihnen zu Beginn kurz skizziert habe. Will man dem deutschen Klassiker Friedrich Schiller Glauben schenken, dann handelt es sich um kein neues Phänomen, hatte er doch bereits erkannt, dass »der Frömmste nicht in Frieden leben« kann, »wenn es dem bösen Nachbarn nicht gefällt«. Aktueller formuliert: Zu einem anständigen nachbarschaftlichen Verhältnis gehören zwei Anwälte, ein Richter und mehrere laufende Meter Akten. Das Ergebnis hat bereits den treffenden Beinamen »Der Krieg der Gartenzwerge« erhalten.

Warum sich deutsche Nachbarn statt über den Gartenzaun über die Anwälte unterhalten – darüber haben sich schon manche kluge Menschen den Kopf zerbrochen; bis jetzt weitgehend ergebnislos. Vielleicht liegt es daran, dass sich im heiklen Bereich der eigenen vier Wände all die deutschen Empfindlichkeiten ballen: die Larmoyanz, wenn man sich schlecht behandelt fühlt; die schiere Lust an der Beschwerde und folglich am Prozess; die Perfektionssucht, sobald irgendjemand oder irgendetwas die Fiktion vom angestrebten perfekten eigenen Heim trübt; und schließlich die Schadenfreude, jenes unübersetzbare deutsche Gefühl des reinen und unbeschwerten Glücks, wenn einem anderen ein Missgeschick widerfährt.

Was es auch sei, das explosive Ergebnis dieses brisanten Gemisches lässt sich tagtäglich zwischen Nordsee und Alpen, Rhein und Oder besichtigen. Geht man, wie wir gesehen haben, davon aus, dass jeder Deutsche sich mit seinem Eigenheim, seiner Eigentumswohnung ein privates Paradies schaffen will, dann scheint vielen das vollkommene, ungetrübte Glück erst dann erreicht, wenn sie dem Nachbarn *sein* Paradies zur Hölle machen können.

Anlässe zu Klagen (auch und gerade im juristischen Sinn) finden sich so viele, wie es menschliche Regungen, Beschäftigungen und Vorlieben gibt: Ob Sie einen Nagel in die Wand treiben (und sich nicht an die gesetzlichen Ruhezeiten halten), die Stereoanlage zu laut aufdrehen, Gäste zur Unzeit einladen, mit Ihrem Ehepartner streiten, dem Kanarienvogel das Singen zur Mittagszeit nicht abgewöhnen, nachts duschen, die Rhododendrenhecke zu hochwachsen lassen, den Müll nicht ordnungsgemäß entsorgen, Ihrem Ahorn erlauben, seine Blätter in Nachbars Garten abzuladen – um einen Vorwand zum Streit ist ein übelwollender Nachbar, der glaubt, dass seine Festung Eigenheim sich im Belagerungszustand befindet, nie verlegen. Es ist sogar ein Fall bekannt, in dem eine Klage angestrengt wurde, weil die Wäscheklammern des Nachbarn zu laut klapperten. Inzwischen werden Sie wissen, dass ich nicht scherze.

Manchmal allerdings schäumt das anarchische Element des Deutschen über und schwemmt all die kleinlichen Paragrafen weg – selbst wenn es um ein so geheiligtes Gut wie die ungestörte Nachtruhe geht. In München etwa organisierten ein paar Brauereien die »Erste Bayerische Biergartenrevolution« gegen einen Gerichtsbeschluss, der einen Biergarten der Landeshauptstadt dazu verpflichtet hätte, zur Vermeidung von Ruhestörung schon in den frühen Nachtstunden zu schließen. Ein paar Tausend Menschen kamen pünktlich zum vorgesehenen Zeitpunkt zur Revolution, übergaben dem bayerischen Ministerpräsidenten ganz unrevolutionär, sondern eher untertänig eine Petition, worauf dieser huldvoll, aber rechtlich fragwürdig, das Urteil durch einen Verwaltungsakt aufhob.

Dies aber ist die Ausnahme, im Normalfall siegt das »gesunde deutsche Rechtsempfinden« – und wem es bei diesem Ausdruck nicht kalt über den Rücken läuft, der hält Freddy Krueger für ein Kuscheltier. Da der Staat seine Pappenheimer kennt, lässt er sie in Rechtsfragen nicht allein. Praktisch jedes Bundesland gibt alljährlich einen juristischen Leitfaden für nachbarliche Konflikte heraus. Sie sind allesamt heimliche Bestseller, deren in die Zigtausende gehende Neuauflagen immer im Handumdrehen vergriffen sind – sei es die bayerische Broschüre »Rund um die Gartengrenze«, das saarländische »Nachbarschaftsrecht« oder der Ratgeber aus Nordrhein-Westfalen mit dem sinnfälligen Titel »Zäune, Pflanzen, Paragraphen«.

Das alles fällt unter den Begriff Rechtsstaat, auf den Sie in Deutschland sehr schnell stoßen werden, weil er von staatstragenden Elementen immer im Munde geführt wird. Manche meinen, dass der Rechtsstaat ein Ersatz ist für ein Selbstverständnis, wie es andere Staaten haben – spöttisch sprechen sie im Zusammenhang mit dem Rechtsstaat von einem »anderen Rechtsradikalismus«.

Was sich auch hinter diesem Begriff verbirgt, hat am besten die Bürgerrechtlerin Bärbel Bohley beschrieben, die nach dem Untergang des Unrechtssystems DDR ihre Hoffnungen auf die Bundesrepublik Deutschland setzte und enttäuscht wurde: »Wir wollten Gerechtigkeit«, sagte sie, »und bekamen den Rechtsstaat.« Denn Rechtsstaat heißt zugleich Inflexibilität, Kälte und Paragrafenreiterei. Immerhin scheint seit einiger Zeit die politische Führung das Problem erkannt zu haben. Ein Bundeskanzler sprach von der Gefahr, dass aus dem Rechtsstaat ein Rechtsmittelstaat werde.

Da Deutschlands Juristen das eigene Land bereits recht gut im Griff haben, blicken sie sich nach neuen Betätigungsfeldern um. Wie der Zufall so spielt, liegen diese im Osten: Mit einem wahren *Furor teutonicus* haben sie sich gerade in Russland auf das juristische Brachland gestürzt, das ein Jahrtausend Autokratie und Totalitarismus hinterlassen haben. Deutsche Anwaltskanzleien sind in Moskau, Piter und anderswo wie Pilze aus dem Boden geschossen, deutsche Experten haben russische Gesetze bis zum letzten Komma ausformuliert. Zur Sorge besteht gleichwohl kein Anlass: Schlimmer als die Tataren, die als letzte Nation das russische Rechtswesen geprägt haben, können die »Fritzi« auch nicht sein. Außerdem standen einem Tatarenkhan aus der Steppe andere Möglichkeiten zur Verfügung, sein Rechtsempfinden durchzusetzen als einem Juraprofessor aus Heidelberg.

Eine Frage, die Ihnen wahrscheinlich seit geraumer Zeit nicht aus dem Kopf gegangen ist, sollten wir zum Abschluss noch beantworten. Wie finanzieren all diese Rentner, Sozialhilfeempfänger und Eigenheimbesitzer ihr teures juristisches Hobby? Schließlich müssen Anwälte bezahlt, Gerichtskosten berappt werden. Nun, Sie werden es sich vermutlich schon gedacht haben: richtig, mit einer Versicherung! Um sich gegen alle Missgeschicke des Lebens rundum abzusichern, schließt der vorausschauende deutsche Bürger eine Rechtsschutzversicherung ab.

Man könnte fast sagen, dass diese Versicherung die Krönung deutscher Zivilisationsgeschichte ist. Denn wenn der Justizapparat den deutschen Hang nach Sicherheit und Geborgenheit bedient, dann reduziert die Rechtsschutzversicherung die mit juristischen Streitereien verbundenen finanziellen Risiken auf ein Minimum. Zwar kommt sie noch nicht für Geldstrafen auf oder entsendet einen ihrer Mitarbeiter anstelle des Verurteilten in den Knast, aber sie bestreitet alle anderen Kosten, die bei einem Rechtsstreit anfallen.

Einen Haken allerdings hat auch diese Wunderversicherung. Da die Versicherungsunternehmen die deutsche Paragrafenliebe kennen, behalten sie sich vor, allzu eifrige Prozesshansel wieder auszuschließen. Ihnen würde ich dennoch zum Abschluss einer solchen Versicherung raten, sofern Sie einen längeren Aufenthalt in Deutschland planen. Gewiss werden Sie nicht von sich aus die Gerichte bemühen. Aber denken Sie an Friedrich Schiller: So fromm können Sie gar nicht leben, dass nicht irgendein böser Nachbar daran Anstoß nimmt.

Wie deutsch sind Bayern oder Thüringer? Fluch und Segen des Regionalismus

Wer heute nach Russland reist, der muss schon sehr spezielle Anliegen haben, wenn er auf direktem Weg nach Nowosibirsk oder Krasnojarsk fliegt. Gemeinhin ist für die meisten Ausländer Moskau weiterhin der Zielflughafen, wie zu alten Sowjetzeiten, als man die Einreise Fremder zentral kontrollieren wollte. Darüber hinaus ist Moskau ein Synonym für Russland geblieben – und daran haben weder die Pracht noch die vorübergehende Macht St. Petersburgs je etwas ändern können.

Ein früher Russlandreisender sah das ganz ähnlich: Als sich Napoleon Bonaparte anschickte, gegen das Reich der Reußen zu marschieren, da wählte er Moskau als Ziel des Feldzuges und nicht die Hauptstadt St. Petersburg. Der Franzosenkaiser wusste, was er tat: St. Petersburg einzunehmen, so soll er gesagt haben, hieße, Russland nur am Kopfe zu kratzen; Kiew zu erobern, es lediglich am Fuß zu kitzeln. Wer aber Moskau einnehme, der treffe Russland mitten ins Herz.

Was das alles mit Deutschland zu tun hat? Nun, hier hätte sich Napoleon schwergetan, das Herz einer einigen Nation zu finden. Er hatte es mit Bayern zu tun und mit Preußen, mit Hannoveranern und mit Württembergern. Die einen waren seine Verbündeten, die anderen seine Gegner. Nur Deutschland selbst gab es nicht, das existierte höchstens ansatzweise in der Phantasie einiger weniger Intellektueller.

Was aber ist Deutschland heute? Sie können nach Berlin fliegen oder nach Düsseldorf, nach Frankfurt oder nach Hamburg, nach Leipzig oder nach München. Sind alle diese Städte Deutschland oder keine von ihnen? Natürlich ist das alles Deutschland, werden Sie einwenden. Gemach, wenn Sie sich lange genug in diesem Lande aufhalten, werden Sie erhebliche Unterschiede feststellen – in der Landschaft, der Sprache, der Geschichte und dem Brauchtum.

Im Grunde genommen ist Deutschland als Nationalstaat nach russischem, französischem oder englischem Vorbild nie gut gefahren. Zweimal endete das Experiment in einem Weltkrieg, und ob der 1989 begonnene dritte Versuch erfolgreicher und vor allem friedlicher verlaufen wird, muss sich erst noch erweisen. Als lockerer Verbund verwandter Stämme hingegen ist es den Deutschen stets besser ergangen – sie hatten zwar keine Weltgeltung, dafür aber mussten sie keinen Blutzoll entrichten oder ihre Söhne auf dem Altar irgendeines Vaterlandes opfern.

Dem französischen Staatspräsidenten Charles de Gaulle wird der Stoßseufzer zugeschrieben: Wie soll man ein Land wie Frankreich regieren, das mehr als 300 verschiedene Käsesorten produziert. Aus französischer Sicht, wo vom allmächtigen zentralen Paris aus jedes noch so nichtige Detail in den einzelnen Departements reglementiert werden soll, mag dies in der Tat ein Problem sein. Aber kein Machthaber in Deutschland hat jemals die Tatsache als besonders erschwerend für seine Regierungsaufgabe empfunden, dass in diesem Land rund 5000 verschiedene Würste und Wurstsorten produziert werden. Der Grund: Die Deutschen betrachteten lange Zeit die Vielfalt als eine Bereicherung, jede Normierung und Nivellierung hingegen als eine Verarmung.

Wie ungemein vielfältig Deutschland ist, das können Sie selbst leicht auf einer Reise durch das Land erfahren. Lassen Sie mich versuchen, Ihnen den Kontrast zu Ihrer so viel größeren, aber auch so viel eintönigeren Heimat mit einem einfachen Vergleich zu verdeutlichen: Mit der Bahn braucht man sieben Tage, um Russland von Smolensk bis Wladiwostok zu durchqueren, eine Strecke aus dem Herzen Europas bis vor die Tore Japans. Aber die Landschaft ändert sich auf dem ganzen weiten Weg kaum. Gleich bleiben auch die Menschen, es sind Russen, die nicht einmal stark unterschiedliche Dialekte sprechen. Gleich bleiben die Städte – es sind missglückte Provinzkopien des zaristischen St. Petersburg und der sozialistischen Einheitsarchitektur Moskauer Trabantenstädte. Auch in den Kochtöpfen wird man vergebens nach regionalen Besonderheiten suchen: Borschtsch, Pelmeni und Pirogen gibt es in Woronesch und in Rjasan, in Irkutsk ebenso wie in Chabarowsk.

Wie viel kleiner ist doch Deutschland! Mit einem Auto der gehobenen Mittelklasse, deutscher Fahrweise und auf freien Autobahnen können Sie es von Berchtesgaden bis Flensburg in gut sieben Stunden durchqueren. Dennoch ist es fast eine kleine Weltreise, die Sie von hohen Alpengipfeln durch dunkle Tannenwälder, zwischen lieblichen Weinbergen und über karge Heidelandschaften an eine raue nördliche Küste führt, an großen Strömen entlang oder über sie hinweg, durch selbstbewusste und eigenständige Städte und vorbei an stolzen Domen, trutzigen Burgen, stattlichen Dörfern und reichen Abteien.

Nicht nur die Landschaft ändert sich, sondern auch die Sprache. Wenn Sie – was verständlich ist – aus Ihrem Deutschunterricht nur das Wort Mädchen kennen, werden Sie staunen, wie dieses sich allmählich wandelt vom bayerischen Diandl, übers fränkische Madla und das niedersächsische Mäken zur nordischen Deern. Von der Gastronomie ganz zu schweigen: Jeder Volksstamm ist stolz auf seine Regionalküche – vielleicht gerade deshalb, weil leider schon viel davon unter dem Ansturm der Pizzabäcker und Gyrosbrater, des Schnitzels mit der Einheitssauce und der Hamburger-Ketten verschwunden ist.

Das hat natürlich alles mit der historischen Entwicklung zu tun. Auch auf die Gefahr hin, Sie ein wenig zu langweilen, kann ich Ihnen einen kurzen geschichtlichen Rückblick nicht ersparen. Russland wurde, ganz anders als Deutschland, immer von einem Zentrum aus kolonisiert, kultiviert und kujoniert. Die Befehle kamen aus Moskau, desgleichen die Leute und die Kochrezepte. Es mag sein, dass sich im Laufe der Jahrhunderte die Sibirjaken ein wenig eigenständig entwickelt haben; eine eigene Geschichte haben sie dennoch nicht – sie ist mit Moskau oder Petersburg verknüpft.

In Deutschland hingegen existierte eine unüberschaubare Vielfalt von kleinen und größeren, meist klitzekleinen, aber souveränen Territorien. Dass da Gegensätze entstanden, ist selbstverständlich; dass sie teilweise bis zum heutigen Tage anhalten, ist überraschend. Es würde zu weit führen und ganz gewiss den Rahmen dieses Büchleins sprengen (streng genommen würde das Thema enzyklopädische Ausmaße annehmen), Ihnen all die einzelnen, in der Vergangenheit wurzelnden Animositäten und Fehden zwischen einzelnen deutschen Stämmen, Städten oder gar Dörfern aufzuzählen. Als kleines Beispiel mag genügen, dass ältere Bewohner von Kufstein in Tirol gerne auf die Bauweise öffentlicher Gebäude hinweisen: Nur das Erdgeschoss ist gemauert, darüber liegende Etagen wurden aus Holz hochgezogen. Der Grund: Die Bayern schossen immer über die Grenze in den Ort, und Holzbauten waren eben schneller renoviert als steinerne Gemäuer.

Oft zieht sich der Riss mitten durch eine Stadt. Hamburg und Altona etwa waren sich noch nie grün – nicht, als Altona noch zu Dänemark gehörte, und schon gar nicht, als es von den Nazis den Hamburger Pfeffersäcken zugeschlagen worden war. Schon im Namen des jetzigen Stadtteils schwingt das Misstrauen der Hanseaten mit: »All to na« – viel zu nahe an der Stadtgrenze liege eine Rotbierkneipe, die eine allzu große Anziehungskraft auf Fischer und Seeleute aus Hamburg ausübe, polterten die Ratsherren. Machen konnten sie nichts, die Kneipe befand sich auf dem Territorium der Grafen von Schaumburg, und man kann wohl getrost davon ausgehen, dass der Rotbierumsatz aufblühte. Immer wieder stritten sich Hamburg und Altona. Mal ging es um Weiderechte, mal darum, wessen Münzen wo gültig seien. Im Jahre 1591 brach gar ein Grenzkrieg aus, der sich zu einem der längsten Kriege deutscher Geschichte auswachsen sollte: Erst 150 Jahre später wurde er durch das Reichskammergericht beendet.

Nicht einmal in der Religion ist dieses Volk sich einig. Jenseits der Landesgrenzen ist das anders und allemal überschaubarer: in Italien ist man katholisch, in Schweden protestantisch und in Russland orthodox. Wer mit seiner Religionszugehörigkeit aus dem Rahmen fällt, endet zwar nicht mehr auf dem Scheiterhaufen, als lässlicher Sünder gilt er mancherorts gleichwohl. Die Deutschen hingegen teilen sich grob gesprochen fünfzig zu fünfzig in Katholische und Evangelische. (Seit dem Zustrom von Türken gibt es zudem ein paar Millionen Muslime. Aber die sind ein Sonderfall und sollen hier nicht berücksichtigt werden.)

Auch dies ist ein Resultat der aufregenden deutschen Geschichte. Europas blutigster Religionskrieg, der Dreißigjährige Krieg, wurde nämlich auf deutschem Boden ausgefochten. An seinem Ende bot sich der Anblick nicht nur eines politischen Flickenteppichs aus Dutzenden von Klein- und Kleinststaaten, sondern überdies der einer konfessionellen Aufsplitterung. Mit dem ihnen eigenen Sinn fürs Praktische verfielen die Deutschen auf die Idee, dass alle Untertanen die Religion ihres jeweiligen Souveräns anzunehmen hatten. Dieses Prinzip trug den zündenden lateinischen Slogan *cuius regio, eius religio* (frei übersetzt: Wes Brot ich ess', des Lied ich sing') und wurde selbst dann noch erfolgreich angewandt, wenn irgendein Markgraf oder Herzog konvertierte. Das folgsame Volk konvertierte brav mit.

Vereinfacht gesagt, ist der Norden Deutschlands überwiegend protestantisch, der Süden stärker katholisch. Es gibt jedoch Einsprengsel der jeweils anderen Konfession im feindlichen Umland. In diesen Enklaven (der Fachmann nennt sie Diaspora) gab – und gibt – man sich traditionell kämpferischer. Die schwäbisch-protestantische Spielart etwa wird gern als Pietkong bezeichnet – was eher als Kompliment verstanden wird.

Da aber die Religionszugehörigkeit nicht ohne Einfluss auf den Charakter bleibt, existieren in Deutschland in gewisser Hinsicht zwei Nationen nebeneinander. Erinnern Sie sich an den auf Recht und Gerechtigkeit versessenen Michael Kohlhaas? Nun, der entspricht mehr der protestantischen deutschen Version, und es ist kein Zufall, dass Kleists Novelle zu Martin Luthers Lebzeiten spielt. Ein katholischer Kohlhaas hätte zwar auch auf sein Recht gepocht, wäre indes an den Fall mit einem größeren Maß an Verschmitztheit, ja Verschlagenheit herangegangen. Es ist ein bisschen so, als ob auf deutschem Territorium ein kleines Italien und ein kleines Schweden nebeneinander existierten.

Ebenfalls wichtig für Ihr Verständnis dieses merkwürdigen Landes ist der Konflikt, den praktisch alle deutschen Regionen mit dem vermeintlichen Erz- und Oberspitzbuben austragen, nämlich mit Preußen. Deutschlands politisch und vor allem kulturell ältere und höherstehende Königreiche und Großherzogtümer (die Bayern und die Badener, die Sachsen und die Hannoveraner) haben es den ungezogenen Brandenburger Parvenüs nie verziehen, dass sie sich erfolgreich zum *praeceptor Germaniae* aufschwangen – und das ohne jede Kinderstube und Kultur.

Sogar bis nach Russland hat sich herumgesprochen, dass vor allem Bayern und Preußen inniglich miteinander verfeindet sind. Das liegt vermutlich an der erfolgreichen und lauten bayerischen Propaganda, mit der die Führungen in München und Neuschwanstein von ihrer vaterlandsverräterischen Allianz mit Napoleon ablenken und sich mit den Lorbeeren eines freiheitsdürstenden Vorkämpfers regionaler Rechte schmücken wollten. Außerdem hat sich die lautstarke Rückbesinnung auf bayerische Traditionen und Werte immer als recht lukrativ für den Tourismus erwiesen, von dem dieses südliche Bundesland zu einem erklecklichen Anteil lebt. Besonders geglückt ist die Vermarktung des Bayernkönigs Ludwig II., der wie die Reinkarnation eines bajuwarischen Stammvaters verehrt wird. Die offizielle Münchner Geschichtsklitterung hat dabei stets die Tatsache ausgespart, dass der »Märchenkönig« wegen seiner zerrütteten Finanzen (er baute Schlösser und finanzierte Richard Wagner) das bayerische Königreich an den verhassten Fürsten Bismarck buchstäblich verhökerte.

Auch andere deutsche Stämme pflegen bis zum heutigen Tag liebevoll ihre Aversion gegen Preußen (das die Alliierten 1947 dankenswerterweise als Staat abschafften) und Berlin: Hannover, dessen Könige ein Opfer der preußischen Habgier wurden; Sachsen, das sich jahrhundertelang dem barbarischen Nachbarn im Norden völlig zu Recht überlegen fühlte; das Rheinland mit seiner Geistesverwandtschaft zum nahe gelegenen Frankreich, das sich in den Karneval als einzige erlaubte Form der Kritik gegen die sturen Preußen flüchtete; und schließlich die Hansestädte, die ihre Unabhängigkeit einbüßten. An dieser Stelle muss allerdings erwähnt werden, dass manchmal auch umgekehrt ein Schuh aus der Sache wird: Zum 100. Jahrestag der großen Choleraepidemie in Hamburg blickten die Bürger des Stadtteils Altona recht hochnäsig auf die Hanseaten herab. Denn während die Seuche in Hamburg die Menschen wie die Fliegen dahinraffte, hielt sich die Krankheit im benachbarten Altona in Grenzen, aus einem einfachen – und uns bereits bekanntem – Grund: Altona gehörte damals zu Preußen und war deshalb sauberer, ordentlicher und hygienischer.

Dieser Lokalpatriotismus übertrifft heute noch den Nationalstolz vieler Deutscher. Selbst nach der Vereinigung, die mit allerlei theatralisch-nationalistischem Brimborium vollzogen wurde, bekannte sich nur eine Minderheit der Menschen zu der Aussage: »Ich bin stolz, ein Deutscher zu sein.« Nach einer repräsentativen Umfrage wollte nur jeder Fünfte diesen Satz unterschreiben. Viel eher fühlte man sich als Bayer oder Sachse, oder man war stolz darauf, ein Münchner oder Leipziger zu sein.

Inzwischen sind zwanzig Jahre ins Land gegangen, und mittlerweile ist in Deutschland in puncto Nationalbewusstsein und Stolz eine ähnliche Normalität eingezogen wie bei seinen europäischen Nachbarn in Großbritannien, Frankreich, Russland oder Italien. Nach neuen Umfragen sind stattliche 83 Prozent der Deutschen stolz auf ihr Land und seine Leistungen. Zu den üblicherweise bei dieser Gelegenheit erwähnten Errungenschaften wie dem Wirtschaftswunder und der Demokratie, die so geräuscharm und reibungslos funktioniert wie eine Geschirrspülmaschine von Linde, kamen letzthin Triumphe anderer Art. Den von der *Bild*-Zeitung nach der Wahl des bayerischen Kardinals Ratzinger geprägten genialen Satz »Wir sind Papst« etwa konnten auch Norddeutsche und Protestanten klaglos unterschreiben. Und besser noch als ein gewonnener Weltmeistertitel war die im Ausland nach der letzten Fußball-WM gewonnene Erkenntnis, dass das immer als so spießig, muffig und verklemmt verschriene Teutonien eigentlich recht cool war. Es gab Engländer, die so begeistert von den Vorrundenspielen in München, Hamburg oder Stuttgart zurückkehrten, dass sie stehenden Fußes die Reisebüros stürmten und einen Urlaub im Schwarzwald, Allgäu oder an der Ostsee buchten. Mittlerweile ziehen sie zwar wieder vertrautere Gefilde in der Dordogne oder auf Mallorca vor; aber in den Köpfen hat sich ein anderes Bild von Deutschland festgesetzt. Ein Bild eben, auf das die Deutschen zunehmend stolz sind.

Das bedeutet freilich nicht, dass es nicht weiterhin Lokalpatriotismus gibt – manchmal sogar innerhalb von Städten, von Stadtteil zu Stadtteil. Oft macht sich das an Fußballrivalitäten fest, wie in München zwischen den weltbekannten Bayern auf der einen und den provinziellen Sechzigern auf der anderen Seite. In Hamburg verläuft die Kickerfront nicht zwischen Altona und Hamburg, sondern zwischen St. Pauli und dem HSV. Aber andererseits gehörte der Stadtteil St. Pauli eben doch lange zum ungeliebten Altona.

Diese verschiedenen Formen des Lokalpatriotismus haben damit zu tun, dass die Geschichte im Unterbewusstsein vieler Menschen lebendig ist und dass man deshalb nie vergisst, unter welch unwürdigen, schmachvollen Bedingungen das eigene Viertel, das einst ein selbstständiges Dorf war, der Residenzstadt einverleibt wurde. Schuld daran war wieder einmal Napoleon, der während seiner Herrschaft über weite Teile Deutschlands das französisch-zentralistische System über den Rhein hinweg verpflanzen wollte und deshalb Grenzen und politische Zugehörigkeiten stromlinienförmig zu vereinfachen suchte. Die zweite Welle topografischer Flurbereinigungen folgte unter den Nazis, die dritte unter den Demokraten der Bundesrepublik. Doch deren Fusionen wurden fast alle wieder rückgängig gemacht.

Aus all dem ergibt sich, dass viele Deutsche ihre Identität im kleinsten landsmannschaftlichen Rahmen finden. Staatliche Organe wie etwa der Bundespräsident oder der Bundeskanzler erfüllen diese Funktion nicht. Sie kamen aus Bayern und Hamburg, aus Schwaben, Niedersachsen oder aus der Pfalz. Manche von ihnen brauchten nur den Mund aufzutun und schon verriet sie ihr Dialekt. Man akzeptiert zwar, dass sie in gewissem Sinne das ganze Land repräsentieren; gleichwohl hätte man volles Verständnis dafür, wenn sie – falls es hart auf hart käme – ihrer eigenen engeren Heimat den Vorzug gäben. Dass mit Angela Merkel zum ersten Mal nicht nur eine Frau, sondern auch eine Ossi-Tante für die Geschicke der Bundesrepublik die Verantwortung übernahm, stellte zwar einen echten Quantensprung dar, war für viele Deutsche, zumal westlicher Herkunft, jedoch lange Zeit nur schwer zu verdauen.

Dieses komplizierte Selbstverständnis ist für einen Russen zugegebenermaßen schwer nachzuvollziehen. Oder würden Sie sich stolz als Rjasaner oder Chabarowsker bezeichnen? Sicherlich, es gab immer eine Rivalität zwischen Moskau und Petersburg, welche die

Moskowiter indes im Vertrauen auf ihren unschlagbaren, uneinholbaren Status nie so richtig ernst genommen haben. Zu kommunistischen Zeiten hatten ohnehin alle Bürger Internationalisten zu sein (eine Art Weltbürgertum für Proletarier) oder ein einig Sowjetvolk; heute sind Russen wieder einfach Russen und stolz darauf.

Deutschlands verhängnisvoller Nationalismus begann mit seiner ersten staatlichen Einigung, die sich dummerweise unter preußischen Vorzeichen abspielte. Zum ersten Mal in ihrer Geschichte hatten die Deutschen eine gemeinsame Hauptstadt – Berlin. Selbst in der Frühzeit Deutschlands, als der Kaiser des Heiligen Römischen Reiches deutscher Nation herrschte, gab es keine glanzvolle Haupt- und Residenzstadt. Der arme Kaiser war zeit seines Lebens auf Achse – von Pfalz zu Pfalz, wo er jeweils eine Zeit lang regierte und Recht sprach, um dann mitsamt seinem Hofstaat zur nächsten Residenz, dem nächsten Gerichtsstand weiterzuziehen. Diese Hauptstädte hießen Aachen oder Goslar oder Regensburg, von dem unbekannten Haveldorf Berlin war damals – ich möchte meinen, völlig zu Recht – nie die Rede. Als die Väter der alten Bundesrepublik dann 1949 das verschlafene rheinische Universitäts- und Pensionärsstädtchen Bonn zur »provisorischen« Hauptstadt bestimmten, da handelten sie – ob bewusst oder unbewusst – in einer großen Tradition. Frankfurt, das eine Zeit lang vor allem von den Amerikanern ins Gespräch gebracht wurde, hatte nie ernsthaft eine Chance. Noch bis zum heutigen Tag haben viele Deutsche ein merkwürdig distanziertes Verhältnis zu der Finanzmetropole am Main, und die Finanz- und Bankenkrise hat nicht unbedingt dazu beigetragen, dieses Misstrauen zu reduzieren. Sogar den Frankfurter Flughafen, den größten im Lande und einen der beachtlicheren in Europa und der Welt, macht man gerne mies.

Heute ist Berlin wieder das Herz Deutschlands, also praktisch das Gegenstück zu Moskau, Paris oder London. Berlin haben die Russen von dem Genossen Schukow und seinen Soldaten erobern lassen; erst nach dem Fall Berlins war für sie wirklich der Große Vaterländische Krieg zu Ende. Und deshalb konnte es auch niemanden wirklich überraschen, dass Moskau seinen Teil von Berlin haben wollte, um darauf das marxistische Pendant zum feudalen, militaristischen Junkerstaat errichten zu können. Bis zur Wiedervereinigung sprach man im politischen Moskau und auf der Straße im Land denn auch ebenso griffig und präzise, wenn auch für deutsche Ohren eher erniedrigend, von »unseren« und »euren« Deutschen. Mit »euren« waren selbstverständlich die Amerika-Germanen gemeint.

Doch mit ihrer Einschätzung von Berlin als deutsches Pendant zu Moskau, als natürliches Zentrum des Landes, saßen die Russen einem Trugschluss auf. Denn Berlin ist, wie Sie unschwer aus den oben angeführten Passagen erkennen können, nie das Herz Deutschlands gewesen, und ist es eben immer noch nicht (und eigentlich auch keine Metropole). Geliebt wurde es allenfalls von den eigenen Bewohnern oder den pommerschen Junkern und ihren Hintersassen, für die eine Hauptstadt nicht provinziell genug sein konnte. Der Rest Deutschlands konnte sich mit dem neureichen und vorlauten Aufsteiger nie anfreunden.

Hinter der berühmt-berüchtigten Berliner Kodderschnauze verstecken sich denn auch massive Komplexe. Berlin dürfte die einzige Hauptstadt der Welt sein, die sich ständig selbst der Tatsache versichern muss, dass sie auch wirklich Hauptstadt ist. Wahrscheinlich glauben es die Berliner selber nicht und zwicken sich im übertragenen Sinne mehrmals am Tag in den Arm, um sich zu vergewissern, dass sie auch nicht träumen.

Dieser Affekt nimmt mitunter die absonderlichsten Züge an. Vor einigen Jahren eröffnete die Lufthansa einen Direktflug zwischen Berlin und Washington. Diese Unternehmung machte finanziell und wirtschaftlich nicht den geringsten Sinn. Amerikaner, die nach Deutschland wollen, fliegen nach Frankfurt, notfalls auch nach München oder Düsseldorf. Bei genauer Betrachtung stellt man schnell fest, dass Berlins Flugverbindungen ins nähere und fernere Ausland nur geringfügig über dem Streckennetz liegen, das Airports wie Bremen, Brest oder Bratislava anbieten. Am verräterischsten (und peinlichsten) freilich war der Slogan, mit dem die Lufthansa in Washington für die neue Strecke warb: »What a capital idea.« Dahinter steckte ein ebenso durchsichtiges wie bemühtes Wortspiel: capital als Adjektiv bedeutet so viel wie großartig. Capital als Substantiv ist die Hauptstadt. Ja, ich weiß. Sehr lustig.

Auch der erste Nachkriegskanzler der Bundesrepublik Deutschland, der Rheinländer Konrad Adenauer, machte aus seinem Herzen keine Mördergrube: Für ihn begannen die asiatischen Steppen (und das, liebe Leser, schloss natürlich Russen ein) gleich auf der anderen Seite der Elbe. Ironie der Geschichte: Sowjetrusslands langer Arm reichte exakt bis zur westlichsten Grenze dieser kulturellen Steppe.

Im Grunde genommen ist Berlin immer ein einziges großes Missverständnis gewesen – nicht nur für Russen, sondern vor allem für die Deutschen und die Berliner selber. Weil es Deutschlands größte Stadt war, hielt es jedermann für eine Weltstadt, doch mit Metropolen wie London, New York oder Paris konnte Berlin höchstens für ein paar Jahre in den sogenannten Goldenen Zwanzigern konkurrieren.

Und die beiden berlinischen Hälften nach dem Krieg? Nun gut, Russen und andere Sowjetbürger fuhren gerne in »ihr« Berlin. Die Deutschen waren auch als Kommunisten ordentlicher und fleißiger, als es selbst kapitalistische Russen sein könnten. In Berlin, dem westlichsten Vorposten, gab es deshalb Dinge, von denen man nicht einmal in der Welthauptstadt des Proletariats träumen konnte. Aber selbst dem letzten Kolchosnik aus dem Stawropoler Kraj konnte niemand weismachen, dass die Karl-Marx-Allee und der Alexanderplatz Weltstadtniveau hätten. Ähnlich scheint es sich, wie mir westdeutsche Vertrauensleute berichten, in Westberlin verhalten zu haben. Als die Deutschen zum ersten Mal die Metropolen des Westens gesehen hatten, schrumpfte die Bewunderung für den Kurfürstendamm rapide.

Und was ist nun aus dem wiedervereinigten Berlin geworden? Wenn man sich das neue Regierungsviertel ansieht, dann haben sich manche Befürchtungen bewahrheitet: Es ist ein zweites Bonn herausgekommen – spießig, steril, sauber, nur zwei, drei Nummern größer. Das neue Bundeskanzleramt ist gar zur Größe XXXL geraten. Überhaupt können Sie in der früheren DDR verfolgen, wie alle Ecken und Kanten abgeschliffen werden. Die alte Bundesrepublik, sauber, geruchsfrei, hygienisch und abwaschbar wie eine Tupperware-Dose, gestaltet die fünf neuen Länder nach ihrem Ebenbild.

Zunächst waren es Neonleuchtschriften und Reklametafeln, Werbung, die in die heruntergekommenen Städte und Dörfer des Ostens Einzug hielten, und draußen vor der Ortseinfahrt entstanden ein Supermarkt und ein Baumarkt im schrillen Westdesign. Der Rest blieb grau, ramponiert, verwahrlost, und deshalb wirkten die Orte (wie eine deutsche Illustrierte treffend schrieb) »wie ein zerlumpter Vagabund, dem irgendein Scherzbold eine Seidenkrawatte umgebunden hat«. Heute trägt der arme Verwandte aus dem Osten schon den schicken Anzug zur Krawatte – er ist allerdings von der Stange, wie alles andere auch, mit dem er sich ausstaffiert, das er verzehrt oder anderweitig konsumiert. Maßanfertigungen behält sich bis auf Weiteres der reiche Onkel aus dem Westen vor. Und dorthin zieht es auch weiterhin die Thüringer, Mecklenburger oder Sachsen, die auf der Suche nach einem besseren Leben sind. Jobs und Kohle gibt es noch immer eher im Westen; nur dass man heute keine Mauern oder Selbstschussanlagen mehr überwinden muss. Nur noch die Mauern in manchen West-Köpfen.

Wenn Sie früher in der alten Zeit öfter auf *komandirowka,* auf Dienstreise, im ersten deutschen Arbeiter- und Bauernstaat waren, dann werden Sie sich die Augen reiben. Inzwischen muss man zwischen Rostock und Dresden schon mit der Lupe nach irgendwelchen Überbleibseln des alten Regimes, der – wenn man so will – gemeinsamen Vergangenheit suchen. Auch die Menschen scheinen sich geändert zu haben – was freilich weder Ost- noch Westdeutsche zuzugeben bereit sind.

Aber wenn Sie von außen hineingucken, dann merken Sie es schon. Dachten Sie früher schon, dass der VEB-Direktor aus Bautzen, mit dem Sie beruflich zu tun hatten, unerträglich deutsch sei, dann sollten Sie ihn heute einmal sehen, da er sein entschlacktes und verschlanktes Unternehmen als Geschäftsführer leitet. Er ist ehrgeizig, arbeitet gewinnorientiert, kennt nur seine Arbeit, und das Rauchen und Trinken hat er sich wahrscheinlich schon vor Jahren abgewöhnt.

Tun Sie sich selbst einen Gefallen: Vergleichen Sie nicht die Fortschritte beim Übergang zum Markt in der ehemaligen DDR mit den Zuständen bei sich daheim in der ehemaligen UdSSR. Denken Sie daran, dass es schon ein sozialistisches Wohlstandsgefälle zwischen dem Zentrum der Weltrevolution und der kleinen deutschen Arbeiter- und Bauernprovinz weit drüben im Westen gab. In der DDR vertilgte man leckere Würste, trank erfrischendes Radeberger Pils und guckte »Wetten, dass...?« im Westfernsehen. Sowjetbürger löschten ihren Durst mit Wodka oder mit Fruchtsaft aus aufgelösten Bonbons und vergnügten sich im TV mit Bildern von Mähdreschern in wogenden Roggenfeldern. Vergessen Sie vor allem nicht, dass die Ostdeutschen einen reichen westdeutschen Onkel hatten. Und übersehen Sie nicht, dass es gerade deshalb schmerzhafte Anpassungsprobleme der beiden deutschen Hälften gab, die noch immer nicht überwunden sind, und dies, obwohl inzwischen eine Frau aus dem Osten als Bundeskanzlerin auch den westdeutschen Onkels die Richtung vorgibt.

Sie werden sich wundern zu hören, wie unzufrieden viele Ossis auch knapp zwei Jahrzehnte danach mit den

Früchten der Wiedervereinigung sind. Denn inzwischen geht es einigen anderen ehemaligen sozialistischen Brudernationen besser als der Osthälfte Deutschlands, und damit meine ich nicht nur die Musterknaben in Estland und Slowenien. Aber dennoch ist das Wehklagen der Ossis nicht wirklich gerechtfertigt. Sicher, die Arbeitslosigkeit ist höher als im Westen der Republik, aber anders als auf dem Newski Prospekt oder der Twerskaja Uliza fanden Sie in den Städten Ostdeutschlands niemals gebeugte Greisinnen, die selbst gehäkelte Topflappen verkaufen mussten, um nicht zu verhungern. In der früheren DDR ist niemand so tief gestürzt wie zwei Drittel der russischen Bevölkerung. Im Gegenteil: Die Ossis haben kein Familiensilber verscherbeln müssen, sie sind vielmehr einkaufen gegangen, als ob sie ihr Lebtag nichts anderes getan hätten – jeder Zoll ein würdiger Neffe des West-Onkels. »Ein Volk steht auf« – so der West-Spott – »und geht zu Aldi.«

Weil zum Leben aber mehr gehört als Aldi, das Allgäu und der neue Audi und weil der reiche Onkel dem armen Verwandten tagein, tagaus seine Großzügigkeit unter die Nase gerieben und demütige Dankbarkeit dafür verlangt hat, geht es in Deutschland bis heute nicht wie unter Freunden oder Feinden zu, sondern wie in einer Familie. Das alte Bonmot von Karl Kraus, wonach das Wort Familienbande einen Beigeschmack von Wahrheit hat, wird in Deutschland-Ost und Deutschland-West heute besser denn je verstanden. Die Konsequenz: Auch zwei Jahrzehnte nach dem Ende ihrer Republik halten sich viele Ostdeutsche in der neuen Republik für Bürger zweiter Klasse.

Ein bisschen zu schwärmerisch hatte es seinerzeit

der alte Willy Brandt empfunden, der einen stilistischen Ausflug in die Botanik unternahm und sich darüber freute, dass »zusammenwächst, was zusammengehört«. Eher handwerklich und realistischer hat es der damalige DDR-Dissident Jens Reich ausgedrückt: »Hier wurden zwei völlig verschiedene Gesellschaftsordnungen zusammengenagelt und die Menschen in ihnen dazu. Die beiden Teile Deutschlands reiben sich wie Kontinentalschollen.« Viele seiner Landsleute sahen das ebenso: Sie empfanden die Vereinigung als demütigend und kränkend. »Wem gefällt es schon, wenn er eine Hightechwasserspülung nicht bedienen kann und sich deswegen als schlechterer Mensch beschimpfen lassen muss«, meinte ein Ostberliner einmal resignierend.

Inzwischen hat man bemerkt, dass dieselbe Sprache und ein paar Jahrzehnte gemeinsamer Geschichte in einem einheitlichen deutschen Nationalstaat noch keine Garantie für ein inniges Zusammenleben sind. Deshalb spucken Deutsche auf beiden Seiten der alten Demarkationslinie täglich Gift und Galle: Faule Schmarotzer, die sich von uns nur durchfüttern lassen, heißt es im Westen über den Osten. Neunmalkluge Besserwisser ohne Herz und Charakter, die das Leben überhaupt nicht kennen, schimpft man im Osten über den Westen.

Merkwürdigerweise scheinen sich beide Seiten mit jedem Jahr des Zusammenlebens weiter voneinander zu entfremden. Wenn man Ossis um eine Charakterisierung ihrer westlichen Verwandtschaft bittet, dann klingt das wie eine Beschreibung des Klassenfeindes: Rücksichtslos seien die Wessis, überheblich und aufs Geld bedacht, außerdem liebten sie ihr Geschäft mehr als ihre

Kinder. Die Ossis, versteht sich, sehen sich als das genaue Gegenteil. Nur zwei Eigenschaften schreiben sie allen Deutschen gleichermaßen zu: den Fleiß und die Gründlichkeit. Wer hätte das gedacht?!

Zuflucht sucht das zum Zusammenwachsen verurteilte Volk in Witzen, und die aus dem Osten sind nicht nur besser, sondern vor allem bitterer – die alte sowjetisch geprägte Schule eben. Sagt verächtlich der Wessi zum Ossi: »Ihr kämpft ja nur fürs Geld, wir aber für die Ehre.« – »Richtig«, sagt der Ossi. »Jeder kämpft um das, was ihm fehlt.«

Ich weiß von zwei Deutschen, dem einen aus der Bundesrepublik, dem anderen aus der DDR. Beide waren fast auf den Tag genau gleichaltrig, beide waren jeweils nur wenige Kilometer von der deutsch-deutschen Grenze entfernt aufgewachsen, beide arbeiteten als Auslandskorrespondenten in Moskau, wo sie sich kennenlernten. Eines Abends setzten sie sich bei ein paar Flaschen Nordhäuser Doppelkorn zusammen und verglichen ihre Leben: Kindergarten, Märchenbücher, Filme, Idole, Romane, Urlaubsreisen, prägende Erlebnisse.

Sie kamen zu einem nur auf den ersten Blick überraschenden Ergebnis. Offenkundig waren sie auf zwei verschiedenen Planeten aufgewachsen, auf denen zufällig dieselbe Sprache gesprochen wurde: Was für den einen Donald Duck, war für den anderen das Sandmännchen; erinnerte der eine sich an die Lektüre von Sartre und Charles Bukowski, dann hatte der andere Theodore Dreiser verschlungen, Amerikas unbekanntesten großen Schriftsteller; war der eine mit der Freundin nach Südfrankreich gereist, hatte der andere seine große Liebe in einem Ferienlager des Komsomol auf der Krim kennengelernt.

Ich fand dieses Beispiel immer besonders einprägsam. Denn es zeigt, dass es noch mindestens eine Generation lang dauern wird, bis sich die einander so fremden Deutschen wieder einmal kennengelernt haben. Es sei denn, man griffe den – vermutlich ironisch gemeinten – Vorschlag der *Süddeutschen Zeitung* aus München auf, die Bevölkerung Ost- und Westdeutschlands ganz einfach auszutauschen.

Immer deutlicher macht sich seit Jahren ein zusätzliches Element in diesem deutschen Kaleidoskop bemerkbar – die schätzungsweise vier Millionen Ausländer, die seit Langem, für längere Zeit oder auf Dauer zwischen Ostsee und Alpen leben. Ausländer ist allerdings recht pauschal ausgedrückt, denn in Deutschland nimmt man (ebenso wie in Russland) sehr präzise Feinabstufungen bei den Fremden vor: Ganz oben auf der Willkommensliste rangieren westliche Ausländer aus Amerika oder Europa (wobei die Amerikaner freilich häufig auf eine Popularitätsachterbahn geschickt werden: Entweder müssen sie für die Sünden ihrer Präsidenten büßen, oder man fällt ihnen wegen der Beliebtheit des Amtsinhabers im Weißen Haus um den Hals). Besonders beliebt sind all jene, die sich nicht im Lande niederlassen wollen, sondern lediglich auf Urlaubsreisen das deutsche Bruttosozialprodukt fördern. Aber eine derartige Einstellung ist nicht nur in Deutschland verbreitet.

Einen Sonderfall stellen die Türken dar, die eigentlich gar keine Türken mehr sind. In der Türkei nennt man diese ehemaligen Gastarbeiter *almancilar*, was so viel bedeutet wie kleine Deutschländer. Daraus können Sie schon ablesen, dass man sie in ihrer alten Heimat als nicht mehr zugehörig empfindet. Verdorben hatten es sich diese Deutschländer daheim in Türkiye, als sie in den späten Sechziger-, frühen Siebzigerjahren nach ein paar Jahren Maloche bei Krupp oder Opel mit dem nagelneuen Auto nach Hause fuhren, hoch bepackt mit allen Attributen westlichen Wohlstandes – vom Handmixer bis zur Waschmaschine. Da dieser neu errungene Wohlstand ausgerechnet in die Phase einer schrecklichen Wirtschaftskrise mit weitverbreiteter Verarmung in der Türkei selbst fiel, und da die Gastarbeiter sich offensichtlich in den wenigen Jahren in Herne, Hannover oder Heidelberg sehr viel von deutscher Besserwisserei abgeschaut hatten, blieb es nicht aus, dass es zu Missstimmigkeiten mit der Verwandtschaft kam. Die Onkel und Omas in Anatolien wussten ja nicht, wie schlecht die neureichen Verwandten in Deutschland behandelt wurden.

Inzwischen hat sich dieser Prozess der Entfremdung auf der einen und der Integration auf der anderen Seite fortgesetzt. Deutsche Türken erkennt man oft nur noch am Namen. Mit dem jungen Mesut Özil hat ein Türke sogar die Aufnahme in ein deutsches Nationalheiligtum geschafft: Er spielt in der Fußballnationalmannschaft.

In Ankara und Istanbul werden Deutsch-Türken nur dann noch als Landsleute im engeren Sinn betrachtet, wenn man sie für die eigene nationale Gloria einspannen kann. Dies ist entweder der Fall, wenn sie Lobbyarbeit innerhalb der Europäischen Union betreiben sollen, oder – was manche als sehr viel bedeutsamer empfinden – bei den Abstimmungen im europäischen Schlagerwettbewerb. Da kriegen türkische Interpreten immer dicke Punktzahlen aus Deutschland. Allerdings kann man davon ausgehen, dass diese deutschen Wähler nicht Heinz und Almut heißen, sondern Mehmet und Ayse.

Erbarmungslos gemütlich: Deutschland ganz privat

Es gibt manches, auf das Deutsche stolz sind, ob nun zu Recht oder nicht. Die Deutsche Mark gehörte einst dazu, auch deutsches Bier oder die Art, wie Deutsche ihre Autos bauen – und fahren. Dazu gesellt sich die eine oder andere Primärtugend, die auch vom Ausland, wenngleich mitunter nur widerwillig, anerkannt wird: Pünktlichkeit, Zuverlässigkeit, Ordnung und – meistens jedenfalls – Aufrichtigkeit. Doch mindestens ebenso stolz sind Deutsche auf einen Seelenzustand, den es in dieser Form vermutlich bei keinem anderen Volk der Welt gibt. Dieser Zustand heißt Gemütlichkeit, und die Deutschen machen viel Aufhebens von der angeblichen Tatsache, dass es in keiner anderen Sprache ein entsprechendes Wort dafür gibt – also ein ähnlicher Fall wie die Schadenfreude.

Sie übersehen dabei zwar das russische Wort *ujutnij*, das im Allgemeinen auch mit »gemütlich« übersetzt wird; aber sie haben schon recht: Der Begriff Gemütlichkeit hat im Deutschen eine Bandbreite, welche die Vorstellungskraft eines Russen oder jedes anderen Ausländers sprengt – abgesehen vielleicht vom Sonderfall des Österreichers. Ein, zugegeben, drastisches Beispiel möge genügen: Als gemütlich gilt auch eine Ansammlung mehrerer Hundert johlender, lärmender, schunkelnder Menschen, die sich im Zustand fortgeschrittener Alkoholisierung (sei es durch Bier oder durch Wein) befinden und zu den falschen Tönen eines Blasorchesters wiederholt in den Ruf ausbrechen: »Ein Prosit der Gemütlichkeit!« Wenn Sie das erste Mal Zeuge einer derartigen Veranstaltung geworden sind, werden Sie verstehen, weshalb Kenner des Landes den Begriff von der »erbarmungslosen Gemütlichkeit« geprägt haben.

Gemütlich kann außer einem orgiastischen Massenbesäufnis fast alles sein: ein Zimmer, ein Restaurant, ein Sofa, ein Abend, ein Kaffeeklatsch, sogar ein Mensch. Im letzten Falle ist jedoch Vorsicht geboten, da Verwechslungsgefahr mit dem Gemütsmenschen droht, dem man lieber aus dem Weg gehen sollte, vor allem, wenn ihm »ein Gemüt wie ein Fleischerhund« nachgesagt wird. Das bedeutet, dass er ähnlich wie eine feiste Metzgerdogge die größten Grausamkeiten zu begehen imstande ist, ohne sich einer Schuld bewusst zu sein – gleichsam in aller Gemütsruhe.

Die Gemütlichkeit kommt vom Gemüt. In dem steckt zwar der alles andere als gemütliche Mut, aber die ursprüngliche Bedeutung ging mehr in Richtung Herzlichkeit. Wer Gemüt zeigte, der war ein freundlicher, aufgeschlossener Mensch. Erst im Biedermeier, als Deutschland sich in krähwinkelige Beschaulichkeit verkroch, nahm die Gemütlichkeit den Weg ins Verzopfte und Zipfelmützige. Behaglich, aber zugleich spießig und kitschig – eben so, wie die Deutschen zu Beginn des 19. Jahrhunderts sich fühlten und gaben –, das war kuschelig gemütlich. Ein Nebeneffekt der Gemütlichkeitssucht ist übrigens das Harmoniestreben. Natürlich wird auch in Deutschland gestritten, aber das Herz ist oft nicht dabei. Eine Streit- und Debattenkultur wie in der angelsächsischen Welt kennt man an Rhein und Donau nicht. Restlos zufrieden ist der Deutsche erst, wenn er Missstimmigkeiten ausgeräumt hat und sich alle einig sind. Gemütlich eben.

Wenn der Deutsche Gemütlichkeit sucht, dann strebt er zurück in den Stand der Unschuld, ja vergleichsweise in einen embryonalen Zustand. Denn Gemütlichkeit bedeutet in erster Linie Geborgenheit, Wärme, Traulichkeit – nichts anderes also als das verlorene Paradies des Biedermeier, als deutsche Biedermänner und -frauen den Herrgott einen guten Mann und die Welthändel eine Angelegenheit anderer Nationen sein ließen.

Eigentlich ein sympathischer, ein friedfertiger Zug: »Es gibt nichts Seltsameres als die deutschen Soldaten«, schrieb damals Madame de Staël, die eine grundsätzlich wohlwollende (von ihr stammte der Begriff von den Deutschen als einem »Volk der Dichter und Denker«), aber auch kritische Beobachterin der Deutschen war. »Sie fürchten Erschöpfung und schlechtes Wetter, als ob sie Krämer oder Literaten seien.« Das unterschied sie grundsätzlich von den Pickelhauben tragenden und im Stechschritt halb Europa niedertrampelnden deutschen Heeren späterer Jahre. Aber auch die Bürger der alten, noch nicht vereinigten Bundesrepublik sahen sich am liebsten mit den Augen der Madame de Staël: Eine

Reihe von Umfragen über die Jahre belegte, dass ihre große Mehrheit am liebsten in einer Art beschaulicher, reicher Großschweiz leben wollte. Aus diesem Tagtraum ist die neue Bundesrepublik durch neue Kriege und Krisen längst herausgerissen worden. Aber zum ersten Mal scheinen deutsche Soldaten zwischen Kosovo und Kandahar einen vernünftigen Mittelkurs gefunden zu haben zwischen verschlafenen Trotteln in Uniform auf der einen und grausamen Kriegsverbrechern auf der anderen Seite.

Doch das führt uns zu weit weg von unserem Thema. Auf alle Fälle bedeutet Gemütlichkeit bis heute eine Verneinung der Realität, und allein deshalb ist sie in der Tat eine treudeutsche Angelegenheit. Eine gemütliche Kneipe etwa lässt die harte, böse Welt draußen vor der Tür, und auch in einen gemütlichen Abend, den man sich auf dem gemütlichen Sessel bei einem gemütlichen Glas Tee macht, darf der kalte graue Alltag nicht eindringen.

Ganz besonders wichtig für den Deutschen ist das gemütliche Heim, die gemütliche Wohnung, wo er es sich so richtig schön gemütlich machen kann. Wollen Sie einen deutschen Menschen restlos beglücken, dann beglückwünschen Sie ihn zu seinem gemütlichen Zuhause – auch wenn die Tapeten für Ihren Geschmack ein wenig zu grell sind, Gestecke aus Trockenblumen die Beistelltischchen schmücken und sich auf der Anrichte Handgetöpfertes aus der Toskana oder Gran Canaria breitmacht. Sehen Sie darüber hinweg: Wir wissen ja, dass Gemütlichkeit kein objektiver Tatbestand ist, sondern – ähnlich wie die Schönheit – im Auge des Betrachters liegt.

Gemütlich muss das Heim des Deutschen sein: Schließlich lebt er recht lange in seiner Wohnung, selbst wenn sie ihm nicht gehört. Deutsche mieten eher, als dass sie eine Immobilie kaufen, und als Mieter haben sie sich weltweit einen großartigen Ruf erworben: Egal ob Amerikaner, Ägypter oder Asiaten – wer irgend kann, sucht seine Wohnung oder sein Haus an einen Deutschen zu vermieten, der vorübergehend in seinem Land lebt. Sie sind – siehe oben unter der Rubrik Primärtugenden – zuverlässig, zahlen ihre Miete pünktlich, führen kleinere Reparaturen nicht nur selbst, sondern auch ziemlich professionell aus, und hinterlassen das angemietete Objekt meist in einem besseren Zustand als bei ihrem Einzug.

Daheim in Deutschland freilich ziehen Deutsche nicht so oft um. Obwohl sie nur zur Miete wohnen, bleiben sie ihrer Unterkunft treu: Gut jeder zweite wohnt seit mehr als zehn Jahren in ein und derselben Wohnung und denkt nicht ans Ausziehen – im Gegensatz zu dem nomadisierenden Briten, der sein Reihenhaus zwar sein *castle* nennt, dieses indes gleichwohl alle paar Jahre veräußert und ohne jegliche sentimentale Anwandlung ein neues kauft.

Im Idealfall ist auch der Deutsche nicht Mieter, sondern Eigentümer seiner vier Wände. Anders als viele einstige Sowjetbürger, die fast alle nach dem Dahinscheiden der Sowjetunion über Nacht ihre Wohnwaben geschenkt bekamen, weil keine Stadtverwaltung sie haben wollte, muss sich der Deutsche den Traum vom eigenen Häuschen hart vom Munde absparen.

Es überrascht nicht, dass ausgerechnet die Schwaben im privaten Hausbau bahnbrechend und wegweisend zugleich waren, gelten sie doch als Deutschlands sparsamster (manche würden sagen: geizigster) Stamm. Spötter meinen, dass auch die Schotten ursprünglich Schwaben gewesen seien, doch habe man sie wegen Verschwendungssucht aus Schwaben vertrieben. Ein prominenter Schwabe wurde einmal mit den Worten beschrieben, dass er »lächelt wie ein Schwabe, wenn es Spätzle umsonst gibt«. So lächeln sie auch, wenn der Bausparvertrag fällig wird.

Manchmal hat man den Eindruck, als ob Kolonnen von Reihenhäusern und Doppelhaushälften aus ihren Brutrevieren im Schwarzwald und auf der Schwäbischen Alb aufgebrochen und unter dem Kommando von Bausparkassen in Reih und Glied durch die ganze Republik marschiert seien, wo sie zunächst Brückenköpfe, dann Straßenzüge und schließlich ganze Siedlungen von Eigenheimen schufen. »Schaffe, schaffe, Häusle baue und net nach de Mädle schaue«, lautet der schwäbische Wahlspruch, und er verrät nicht nur beängstigenden Fleiß, sondern ebenso tiefe Menschenkenntnis: Woher sonst sollten die wackeren Schwaben wissen, dass Frauen im Leben eines Mannes der teuerste Zeitvertreib sind. Wie dem auch sei: Der ursprünglich rein schwäbische Häuslebauer ist im ganzen Land zum festen Begriff geworden.

Der Hausbau scheint den Deutschen – immerhin sind sie Nachfahren der Erbauer der Hünengräber – im Blut zu liegen: Nach der Vereinigung schlossen die Ostdeutschen mit der größten Selbstverständlichkeit Bausparverträge ab, als ob sie ihr Lebtag nichts anderes getan hätten. Keine Spur von Fremdeln gegenüber kapitalistischem Grundbesitz. Nach imperialistischer Manier greift der deutsche Häuslebauer seit geraumer Zeit über die Grenzen hinweg: Die Toskana und das Elsass sind fast komplett in seiner Hand, Holland und Schweden fürchten, das gleiche Schicksal zu erleiden, und mittlerweile gehen große Teile Nordamerikas in seinen Besitz über. Sogar aus einigen entlegenen Provinzen Kanadas, wohin vor nicht allzu langer Zeit überhaupt der erste Weiße vorgedrungen war, werden Proteste gegen die Germanisierung gemeldet.

Fast jeder Deutsche wird Ihnen haarklein auseinandersetzen, dass er eigentlich nur deshalb ein Haus gebaut oder eine eigene Wohnung gekauft hat, weil er Geld sparen wollte. Was auf den ersten Blick reichlich unlogisch wirkt, scheint bei näherer Betrachtung in sich schlüssig. (Ist es letztlich aber nicht!) Der deutsche Staat nämlich belohnt Häuslebauer mit einer recht großzügigen Steuerersparnis. Außerdem wird dem Häuslebesitzer *in spe* suggeriert, dass er »die Miete in die eigene Tasche zahlt«. Das ist natürlich blühender Unsinn. Der Betrag geht Monat für Monat nicht aufs eigene Konto, sondern an die Bank, bei der sich der stolze Hausbesitzer verschulden musste. Zum Trost erfährt er, dass er nach dreißig, vierzig Jahren – also gleichsam wie im Flug – das Haus abbezahlt hat und dann kostenlos die eigenen vier Wände bewohnt. Was er erst nach Ablauf vieler Jahrzehnte erfährt: Das zu diesem Zeitpunkt in die Jahre gekommene Haus braucht ein neues Dach, oder die gesamten Installationen müssen überholt werden – der Hausherr zahlt mithin weiter. Ein Mieter aber kann diese Kosten auf seinen Vermieter abwälzen.

Gemütlich muss die Einrichtung des Hauses sein, aber zugleich gediegen, wie es so schön auf Deutsch heißt. Denn an der Möblierung einer Wohnung kann man — davon sind die Deutschen felsenfest überzeugt — den guten Geschmack und den Stil erkennen. Außerordentlich beliebt, weil außerordentlich gediegen, ist seit jeher der sogenannte altdeutsche Stil. Es lässt sich nicht mehr rekonstruieren, wer diesen Begriff geprägt hat. Merkwürdig ist nur, dass er keinem Deutschen merkwürdig vorkommt. Denn kein Mensch käme auf den Gedanken, seine Wohnung altrussisch oder altspanisch einzurichten. Das wäre viel zu unbequem.

Wundersamerweise jedoch ist altdeutsches Mobiliar — von frechen Spöttern als Gelsenkirchener Barock verunglimpft — recht bequem, anders möchte es der Deutsche ja nicht haben. Altdeutsch kann jedes Zimmer eingerichtet sein: die Küche, das Schlafzimmer und vor allem der Wohnraum. Im Idealfall sollte altdeutsches Mobiliar aus massiver Eiche gefügt sein, versehen mit ein wenig Schnitzwerk und mit Bezügen und Polstern, die entweder ein wenig ins Alpenländische oder ins großbürgerliche Fin de Siècle spielen. Fichte furniert wird ab einem gewissen Alter und Einkommen verachtet, gilt jedoch als akzeptable Einstiegsdroge. Grundsätzlich gilt freilich, dass das Faible fürs Altdeutsche erst mit zunehmendem Alter wächst. Junge Leute erhalten ihren Fix — wie auch in anderen Ländern — beim schwedischen Billigschreiner IKEA. Manche Deutsche freilich bleiben ihm ein Leben lang verfallen. Sie erkennt man auch außerhalb ihrer mit Billy und Björn eingerichteten vier Wände daran, dass sie Birkenstocksandalen zu weißen Tennissocken tragen und sich im Hotel zum Frühstück Müsli und organisches Joghurt vom Büffet holen.

Manchmal werden Sie Deutsche über die Schwierigkeiten des Möbelkaufs klagen hören: Meist handelt es sich dabei um echte Schicksalsfragen, wenn zum Beispiel ein bestimmter Farbton um eine Schattierung oder zwei von der Farbe der Gardinen abweicht. Ein anderes Thema sind die langen Lieferfristen – sechs Wochen, manchmal sogar zwei Monate gehen ins Land, bevor die Schrankwand, die Eckbank geliefert werden. Sie haben ja inzwischen schon den Umgang mit den Deutschen gelernt.

Hören Sie also ruhig zu, schütteln Sie ab und zu entrüstet den Kopf, und erzählen Sie keinesfalls, wie Sie daheim ihre Einrichtung zusammengetragen haben: teils von einem Freund mit Schreinerbegabung zusammengezimmert, teils auf Warteliste nach Jahren ergattert, teils ab morgens früh um vier in kalter Winterszeit im wahrsten Sinne des Wortes erstanden. Richtig, Sie wissen schon. Man würde Sie ohnehin nicht verstehen.

Sie werden sich nun vielleicht fragen, weshalb so viel die Rede von Bequemlichkeit ist und ob wir immer noch über Deutschland reden. Denn dieses Volk, so haben wir schließlich gelernt, ist alles andere als bequem. Sind die Deutschen nicht die Spartaner Europas, die sich abhärten und stählen in mühsel'ger Fron? Sind sie es nicht, die nur ein Ziel im Leben haben – fleißig zu rackern, um den Mehrwert zu mehren und sich selbst dabei zu verzehren?

Na ja. Ich verrate Ihnen ein Geheimnis: Das stimmt schon lange nicht mehr. Deutschsein bedeutet längst nicht mehr, eine Sache um ihrer selbst willen zu tun; Deutschsein heißt heute ebenso häufig, eine Sache möglichst spät, wenn überhaupt anzupacken. Nirgends ist dieser neudeutsche Hedonismus (der sich durchaus auch in altdeutschen Sitzecken austoben kann) augenfälliger als in der Freizeit der Deutschen. Ein gewichtiger Kanzler hat deshalb vorwurfsvoll das Wort vom »Freizeitpark Deutschland« geprägt, in dem nur gefaulenzt, aber nicht mehr gearbeitet würde. Dabei hat er allerdings zwei Dinge übersehen: Dass er selbst für diese Entwicklung verantwortlich zeichnete, und dass die Deutschen in ihrer Freizeit härter arbeiten als am Arbeitsplatz. Sie müssen nur einmal beobachten, mit welchem Ernst sie sich ihren Hobbys widmen oder ihrem Lieblingssport frönen.

Gut, der Fairness halber muss gesagt werden, dass deutsche Arbeiter auch während ihrer Arbeitszeit die produktivsten Arbeiter der Welt sind – sie schlagen sogar Japaner, Koreaner und andere Spitzenleister. Andererseits aber haben die Deutschen gar keine andere Wahl, als sich derart zu verausgaben, wenn sie den Schlendrian wettmachen wollen, dem sie sich ebenfalls weltmeisterhaft hingeben. Deutschland hat die jüngsten Rentner der Welt und die ältesten Studenten, und mitunter hat es den Anschein, als ob es ein erstrebenswertes Ziel sei, den Übergang vom letzten Semester zum alten Semester mit Pensionsberechtigung fugenlos und ohne die lästige Unterbrechung durch ein Arbeitsleben zu bewerkstelligen.

Außenstehende mögen sich zu Recht fragen, wann all diese hervorragenden Bohrmaschinen, Turbinen, Vierzylinder und Bügeleisen »made in Germany« produziert werden. Denn Deutschland kombiniert die kürzeste Arbeitswoche aller hoch entwickelten Industrienationen mit dem längsten Urlaubsanspruch. Kein anderes

Land gewährt seinen Arbeitnehmern mehr Freizeit als Deutschland. Vom armen Russland will ich gar nicht reden. Die Kommunisten hatten mit Feiertagen doch recht gegeizt. Nachdem sie alle kirchlichen Festtage geraubt hatten, glaubten sie, das werktätige Proletariat mit dem Ersten Mai und dem Revolutionstag ausreichend abgespeist zu haben. An Lenins Geburtstag mussten sie sogar Sonderschichten am Samstag einlegen. Nun, das wurde geschluckt, nicht zuletzt deshalb, weil sich die Arbeiter die ihnen zustehende Freizeit eben irgendwann mitten in der Arbeitswoche abknapsten.

Den Deutschen aber könnte keine Macht der Welt einen Feiertag nehmen. Vielleicht ist dies der eigentliche, tiefsitzende Grund dafür, dass es in diesem Land nie eine Revolution gegeben hat. Ich stelle mir vor, wie eine Gruppe deutscher Revolutionäre irgendwo im Brandenburger Untergrund sitzt und die neue Republik nach der Machtübernahme plant. »Mit den Feiertagen«, ruft der radikalste Revoluzzer in die Runde, »mit diesem Feiertagsunsinn wird sofort aufgeräumt. Weg mit Fronleichnam! Nieder mit dem Buß- und Bettag!« Erschrecktes Schweigen senkt sich über die Runde. So viel Radikalismus hätte man nicht einmal dem Genossen von der äußersten Linken zugetraut. Schließlich einigt man sich darauf, nach der geglückten Machtergreifung eine Feiertagskommission einzuberufen. Ihr sollen Vertreter der Kirchen, der Gewerkschaften und der Sportartikelhersteller angehören.

Sie meinen, das sei übertrieben? Nun, eine ähnliche Diskussion hat vor nicht allzu langer Zeit in Deutschland tatsächlich stattgefunden. Es ging ganz einfach darum, ob man eine neue obligatorische Versicherung nicht am besten dadurch finanzieren könnte, indem man einen oder zwei Tage aus dem reichlich bestückten Feiertagskalender strich. Doch was daraufhin anhub, war ein titanisches Ringen. Schließlich prallten zum ersten Mal zwei Grundpfeiler deutschen Selbstverständnisses aufeinander: das Sicherheitsdenken (das die neue Pflegeversicherung begrüßte) und die Freizeitmanie (die der Versicherung ein Opfer bringen sollte).

Ein Gutes hatte die Diskussion immerhin. Da wirklich alle Feiertage auf ihren Wert hin abgeklopft wurden, erfuhren Millionen von Deutschen wahrscheinlich zum ersten Mal in ihrem Leben, was an Fronleichnam wirklich gefeiert wird und warum es zu Pfingsten keine Hasen, sondern Ochsen gibt, und wunderten sich, dass letztere konsumtechnisch noch nicht vermarktet sind.

Streng genommen sind die Feiertagsprobleme der Deutschen eine direkte Folge des Dreißigjährigen Krieges. Wie wir schon gelernt haben, bestand Deutschland am Ende dieses Krieges aus einem Flickenteppich kleiner und kleinster Grafschaften, Fürstentümer, Bistümer und freier Städte. Jede(s) hatte seine/ihre eigene Religion und somit seine/ihre eigenen Feiertage. Als Deutschland dann 1871 von Bismarck erstmals geeint wurde, ließ man jeder Konfession ihre Feiertage. Sie sehen, selbst der Eiserne Kanzler hatte es nicht vermocht, den Deutschen einen freien Tag zu nehmen.

Wenn man kirchliche Feiertage also nicht antasten kann, dann sollte der Staat doch wenigstens in der Lage sein, über seine, also die staatlichen Feiertage zu verfügen. Das ist gut gedacht, geht aber leider ebenfalls an den Realitäten vorbei. Das heißt: Auf einen Feiertag hätten die Deutschen sofort und aus freien Stücken zugunsten der Pflegeversicherung verzichtet: auf den Tag der Deutschen Einheit am 3. Oktober. Es war der neueste Festtag im Kalender, man hatte sich noch nicht an ihn gewöhnt, er fiel außerdem in die graue sonnenarme Jahreszeit, und nach Feiern war den Deutschen viele Jahre nach ihrer Vereinigung ja auch nicht zumute. Wie gesagt, den 3. Oktober hätten sie gerne geopfert. Sie hatten jedoch die Rechnung ohne den damaligen Kanzler gemacht, der sein nicht ganz unwesentliches Gewicht zugunsten des Einheitstages in die Waagschale warf. Wer weiß, vielleicht träumt er davon, dass künftige Generationen diesen Tag ihm zu Ehren als Kohltag begehen.

Mit Nationalfeiertagen hatten die Deutschen eigentlich schon immer ein Problem. Meistens feierten sie ein Ereignis, das sich im Ausland abgespielt hatte: Mit martialischem Tschingderassabum beging das Kaiserreich den Sedantag – zur Erinnerung an die Schlacht von Sedan, das in Frankreich liegt. Die Nazis erhoben den Geburtstag ihres Anführers zum Feiertag – aber auch dieses verhängnisvolle Ereignis fand im Ausland statt, im österreichischen Braunau. Die junge Bundesrepublik wählte nach 1949 den 17. Juni zum Nationalfeiertag – zum Gedenken an den Arbeiteraufstand. Der aber fand genau genommen auch im Ausland statt, nämlich in der Deutschen Demokratischen Republik.

So betrachtet wäre es nur logisch gewesen, als Feiertag des abermals geeinten Deutschland einen Tag im Juli zu wählen – zum Gedenken daran, dass Bundeskanzler Helmut Kohl und der sowjetische Staatspräsident Michail Gorbatschow im kaukasischen Gebirgsort Archys in diesem Sommermonat des Jahres 1990 die deutsche Einheit besiegelten. Das Datum hätte den Vorteil gehabt, in die warme Jahreszeit zu fallen, in der man mit einem freien Tag mehr anfangen kann als bei Regen und Sturm. Aber es scheint das gemeinsame Schicksal von Deutschen und Russen zu sein, dass einschneidende Veränderungen, die Gedenktage nach sich ziehen, immer in die schlechte Jahreszeit fallen. Auch russische Revolutionen fielen unweigerlich in den Winter oder in den Spätherbst. Vielleicht wäre Russland ein anderes Land, wenn Russen zur Abwechslung einmal im Sommer politisch aktiv würden anstatt auf den Datschen die Tomaten und die Gurken hochzupäppeln. Aber diesen Gedanken auszuspinnen, würde an dieser Stelle zu weit führen, und eigentlich gehört er auch gar nicht hierher.

Kehren wir lieber zurück ins Feiertagsparadies Deutschland, und betrachten wir die zwei bedeutendsten Jubel- und Ehrentage – den Muttertag und Weihnachten. Sie sind deshalb herausragende Fixpunkte im Festtagskalender, weil sie offensichtlich zu nichts anderem geschaffen wurden als zu dem Zweck, das weiche deutsche Gemüt zu streicheln.

Der Muttertag ist gar kein richtiger freier Feiertag, weil er immer auf den zweiten Sonntag im Mai fällt. Wahrscheinlich ist dies bewusst so eingerichtet worden, damit sich Kinder und Ehegatten nicht mit vorgeschobenen Schul- und Arbeitspflichten vor dem Dienst an der Mutter drücken können. Damit bei Ihnen keine Missverständnisse aufkommen: Geehrt werden wirklich nur Mütter und nicht, wie am internationalen Frauentag, dem 8. März, alle Frauen. Feierkriterium ist offenbar die vollbrachte Gebär- und Aufzuchtleistung. Als ich nach langen Jahren im Ausland erstmals wieder in Deutschland lebte, gratulierte ich – wie am 8. März gewohnt – wahllos allen Damen in meiner näheren Umgebung, ob kinderlos oder nicht. Die wenigsten Frauen freuten sich darüber; sie verdächtigten mich entweder finsterer sexueller Gelüste oder des Hohns. Da aber auch 16 Millionen DDR-Bürger ihren Frauen zum internationalen Frauentag einen Strauß welker Nelken präsentierten und diese schöne Gewohnheit nicht wegen einer Lappalie wie der Wiedervereinigung aufgeben wollten, hat sich dieser Brauch mittlerweile nach Westen ausgebreitet. Es kann Ihnen passieren, dass ihre Stammkassiererin bei Aldi in Dortmund an diesem Tag von Ihnen ein kleines Bukett erwartet.

Doch der Frauentag verblasst noch immer gegen den Muttertag. Er ist ein Familientag, und deshalb ist er eine Qual für den Großteil der Familie. Zur Ehrenrettung der Mütter sei gesagt, dass manche von ihnen diesen Tag ebenso unerträglich finden wie ihre Kinder und Ehemänner. Im Normalfall lässt sich Mutti zwar 24 Stunden lang genussvoll auf Händen tragen, allerdings nicht ohne spitz anzumerken, dass sich 364 Tage im Jahr keiner um sie schere. Ganz zu schweigen von Schaltjahren, in denen es noch mal 24 Stunden mehr sind. Entsprechend gedrückt ist die Stimmung aller Familienmitglieder. Der erste Tiefpunkt ist gemeinhin schon mittags erreicht. Wenn Sie am zweiten Maisonntag in einem Restaurant eine herausgeputzte Familie sehen, deren Angehörige mürrisch auf den Teller starren, während eine missmutige Matrone misstrauisch ihre Brut mustert, dann können Sie sicher sein, eine glückliche deutsche Familie an Mamis Ehrentag erspäht zu haben.

Der Muttertag ist indes nur ein Vorspiel, eine Probe für den höchsten, den heiligsten, den emotionalsten und unantastbarsten aller Feiertage: Weihnachten. Wahrscheinlich glauben Sie, dass es sich hier um ein der ganzen Christenheit gemeinsames Fest handelt, bei dem der Geburt Jesu Christi gedacht wird. Tut mir leid, Sie einmal mehr enttäuschen zu müssen: Weihnachten ist eine rein deutsche Veranstaltung, bei der die Nation Besinnlichkeit, Gemütlichkeit, Stress und Konsumgier zu einer äußerst potenten und explosiven Mischung verrührt. Anders ausgedrückt: Auch andere Nationen und Völker mögen Weihnachten kennen und feiern. Aber streng genommen verstehen sie leider nichts davon und zelebrieren daher nur matte Kopien der echten, der gefühlvollen, der deutschen Weihnacht.

Sie glauben mir nicht? Betrachten Sie doch einmal, wie heutzutage in der zivilisierten Welt Weihnachten gefeiert wird. Welches Attribut ist wirklich unverzichtbar – egal ob in Nordamerika, in Russland oder in internationalen Hotels in Südostasien, die sich für jene Deutschen weihnachtlich verkleiden, die dem Fest am mutmaßlich christkindfreien Strand von Phuket entkommen wollen? Richtig, es ist der Weihnachtsbaum. In Russland heißt er *jolka* und wird zu Neujahr aufgestellt; letzteres aber nur, weil die Kommunisten einen winterlichen Ersatz für das verbotene christliche Weihnachtsfest schaffen wollten.

Ob *jolka* oder *Christmas-tree* – der Ursprung beider Bäume ist derselbe, und er ist deutsch. Bei genauerer Überlegung kann diese Sitte nur von einem Volk stammen, das ein derart mystisch überhöhtes Intimverhältnis zu seinen Nadelwäldern hat wie das deutsche. Wer sonst käme auf die Idee, sich einen ausgewachsenen Baum, nicht einen Blumenstrauß oder eine Topfpflanze, in die Wohnung zu stellen. Als ob dies nicht schon pervers genug wäre, wird dieses gemeuchelte Stück jungfräulicher Natur mit glitzerndem Flitter und Tand bis zur Unkenntlichkeit entstellt. Was, wenn nicht ein bizarres erotisches Verhältnis steht hinter dem Brauch, eine ehrliche Tanne mit allerlei Lametta zu einer Art floralem Transvestiten aufzudonnern? Welch sublime Form verdrängter Lust versteckt sich hinter der außergewöhnlichen Sitte, einen Nadelbaum mit Äpfeln (!) zu behängen!

Und dennoch hat sich der Weihnachtsbaum weltweit durchgesetzt. Dahinter verbirgt sich eine bisher sträflich unterschätzte Marketingleistung erster Ordnung. Ein großer Teil des Verdienstes gebührt dabei fraglos Prinz Albert, dem Gemahl der britischen Königin Victoria. Albert stammte, wie so viele berufsmäßige Prinzgemahle und Prinzessinnen seiner Zeit, aus dem deutschen Hause Sachsen-Coburg-Gotha. (Bismarck sprach respektlos, aber treffend vom »Gestüt Europas«, aus dem sich die regierenden Häuser ihre Zuchtstuten und -hengste holten – aber das geht jetzt wirklich zu weit und führt uns von Weihnachten weg.) Prinz Albert also hing so sehr an seinem deutschen Weihnachtsbaum, dass er seine Vicky so lange beschwatzte, bis in Buckingham Palace die Mistelzweige (heidnisch nannte sie der Prinz!) durch – vermutlich rein christliche – Tannenbäume ersetzt wurden. Es kam, wie es kommen musste: Die *first family* gab Ton und Moden an, und im Handumdrehen hatte der Christbaum den Globus erobert.

Es versteht sich von selbst, dass dem Baum in seinem

deutschen Herkunftsland *die* zentrale Rolle zugewiesen wird – auch wenn die meisten Tannen und Fichten aus dänischen Nadelholzplantagen stammen. Bei Städtern, die das Jahr über einen Gummibaum nicht von einer Azalee unterscheiden können, werden in der Vorweihnachtszeit schlummernde Gene aus germanischer Vorzeit wach. So, wie ihre Vorfahren durch die undurchdringlichen Wälder Germaniens streiften, ziehen sie bei Schneeregen und Matsch über die Christbaummärkte – immer auf der Suche nach der perfekten Edeltanne, der lotrecht aufgeschossenen Fichte mit den symmetrisch gewachsenen Ästen und Zweigen.

Meist sind es die Männer, die den Weihnachtsbaum nach Hause bringen – und den ersten Anlass für einen ehelichen Zwist liefern, der in Deutschland traditionell zum sogenannten »Fest der Liebe« gehört. Frau und Kinder nämlich erheben Einwände, finden den Baum zu kurz, zu lang, zu krumm, zu kümmerlich oder zu buschig – kurz: die falsche Wahl. Niemand denkt daran, dass allfällige Unzulänglichkeiten des Bäumchens ohnehin unter üppigem Weihnachtsschmuck verschwinden, wichtig ist der Streit am fälschlicherweise so genannten Heiligen Abend.

Weihnachten gilt als klassisches Fest der Familie, und darin liegt vermutlich die Wurzel des Übels. Ob sie wollen oder nicht, ob sie sich leiden können oder ob sie sich hassen – das stille Fest schweißt sie zusammen. Dass damit hohe, aber unerfüllbare Erwartungen an Freude, Harmonie und Geborgenheit einhergehen, macht die Sache nicht leichter. Fatal ist auch, dass man aus dem erstickenden Schoß der Familie nicht ausbrechen kann: Zu Weihnachten arbeiten bestenfalls die Notdienste von

Rotem Kreuz und Feuerwehr, sonst ist das ganze weite Land buchstäblich geschlossen – viel hermetischer noch als an einem gewöhnlichen Wochenende oder Feiertag. Die Firma ist zu, die Kneipe ebenfalls, und nicht einmal der beste Freund steht zur Verfügung – er muss mit seiner Familie Weihnachten feiern. Kein Wunder, dass viele Ehen just zum Fest der Familie und der Liebe in die Brüche gehen.

Falls Sie einen längeren, sprich: mehrjährigen Deutschlandaufenthalt planen, kann es Ihnen leicht geschehen, dass Sie in den Festtagsstrudel hineingezogen werden – zumal da Sie ein armer Mensch aus dem ehedem kommunistischen Osten sind, dem man ein richtig rührendes Weihnachtsfest stets vorenthalten hat. In diesem Zusammenhang müssen Sie vor allem eines lernen: Weihnachten ist in Deutschland auch und vor allem das Fest der Geschenke – und der gegenseitigen Erpressung.

Geschenke lassen sich in drei Kategorien unterteilen. Erstens jene, die niemand braucht. Ganze Ladenketten in Deutschland sind auf den Verkauf nichtiger, aber teurer Überflüssigkeiten spezialisiert. Wer die Geldausgabe dafür scheut, bedient sich gern aus dem reichen Fundus der unnütz daheim herumstehenden Nippes. Der derart Beschenkte wird das Präsent dankbar weiterreichen, sodass es im Idealfall früher oder später beim Erstkäufer landet. Dieses Spiel vermag eine enge Bindung unter einander relativ fremden Menschen zu schaffen.

Zweitens Geschenke, die man braucht und die deshalb detailliert bei Freunden oder Verwandten bestellt werden. Auf diese Weise ergibt sich ebenfalls ein schöner Aspekt der Nächstenliebe, der Ähnlichkeiten mit den früheren Einkaufsexpeditionen im Sowjetparadies aufweist: Man kauft für den Nächsten ein, und der kümmert sich um meine Bedürfnisse. Sie erinnern sich: Wurden irgendwo hinter dem Weißrussischen Bahnhof von einem Lastwagen herab Damenstiefel der Größe 44 verkauft, dann gingen Sie (Größe 37) nicht betrübt oder achtlos vorbei, sondern erinnerten sich, dass ihre Kollegin am Arbeitsplatz eine Basketball spielende Cousine mit extragroßen Latschen hatte. Deshalb zogen sie Ihre *awoska*, das allzeit mitgeführte Einkaufsnetz, und Ihr Portemonnaie hervor, und erwarben einige Paare. Diese Art von Geschenken hat überdies den Vorteil, dass sie keine unliebsamen Überraschungen in sich bergen.

Drittens die Erpressungsgeschenke: Schenkst du mir, schenk' ich dir. Hier wird genau Buch geführt, was wer im vergangenen Jahr von wem erhalten hat – und wie viel das Geschenk wert war. Das obligate Gegengeschenk orientiert sich dann in etwa an diesem Richtpreis. Es soll allerdings – wenn auch eher selten – vorkommen, dass der Wert der Präsente wie bei einer Auktion in derart schwindelerregende Höhen hochgeschaukelt wird, dass beide Seiten an den Bettelstab geraten.

Da Weihnachten schon so viel Unbill und Gefahren birgt, soll wenigstens das Wetter stimmen. Die weiße Weihnacht ist für den deutschen Menschen nämlich mindestens ebenso wichtig wie der gut gewachsene Tannenbaum. Weiß und verzuckert sollen in den Städten die Gässchen und die Wäldchen auf weiter Flur daliegen, wenn's Christkind die Seinen beglückt. Von spitzen Giebeldächern hängende Eiszapfen, Eisblumen an blanken Butzenscheiben und frostig knirschenden Schnee unter seinen festen Schritten – das wünscht sich der mit der Edeltanne heimwärts strebende deutsche Mensch.

Sie ahnen schon, dass die Ihnen durchweg als Realisten bekannten Deutschen zur Weihnachtszeit unter starken manischen Wunschvorstellungen leiden, die meilenweit von der Wirklichkeit entfernt sind. Das beginnt damit, dass in Deutschland Gässchen, Giebeldächer und Butzenscheiben eher die Ausnahme sind und längst von Stadtautobahnen, Bürotürmen aus Glas und Beton und kubigen Vitrinen in Fußgängerzonen ersetzt wurden. Außerdem sprechen die Erfahrungen mehrerer Jahrzehnte ebenso wie die Erkenntnisse der Meteorologen gegen die Wahrscheinlichkeit von stärkeren Schneefällen in der Vorweihnachtszeit; letztere haben für das vorherrschende Schmuddelwetter den Begriff der »Weihnachtsdepression« geprägt. Gleichwohl hofft die Nation alle Jahre wieder und wider jegliche Vernunft auf die romantische weiße Weihnacht – für die Dauer des Festes, wohlgemerkt. Denn so realitätsfremd sind die Deutschen nicht, dass sie die verkehrsbehindernden Qualitäten des Schnees nicht kennten. Im Idealfall würde sich das ganze Land vom 24. bis 26. Dezember in eine einzige riesige Schneekugel verwandeln, in der Stadt und Land nett bepudert sind. Ab 27. Dezember allerdings sollte dann, bitte schön, der Lenz fürwitzig sein blaues Band ein wenig wehen lassen.

Es gibt übrigens eine neue Theorie, wonach kein anderer als Charles Dickens für die weihnachtliche Schneesehnsucht verantwortlich ist. Der Autor des »Christmas Carol« erstickte seine populäre Weihnachtsgeschichte vom Geizkragen Scrooge in einem derart dichten Schneegestöber, dass diese meteorologische Großwetterlage für

Ermächtigung zur Adressenweitergabe
Ich weise mein Kreditinstitut an, das durch die umseitig angegebene Bankleitzahl bezeichnet ist, bei Nichteinlösung oder bei Widerspruch gegen die Lastschrift dem Unternehmen oder einem von ihm beauftragten Dritten auf Aufforderung meinen Namen und meine Adresse mitzuteilen. In diesem Falle behält sich das Unternehmen vor, zu meinen Lasten seinen Anspruch gegen mich geltend zu machen. Verzug tritt gemäß § 286 III BGB bei Rücklastschriften ohne Mahnung ein.

Unterschrift (Betrag siehe Vorderseite)

Unabhängiger Test

... eindeutiges Ergebnis!

Haltbarkeit des Kassenbons
Dieser Kassenbon ist im Thermo-Druck-Verfahren erstellt und verblasst im Laufe der Zeit. Um diesen Prozess nicht zu beschleunigen, bitte den Kassenbon nicht in Klarsichthüllen (enthalten Weichmacher) oder längerfristig in Leder-Brieftaschen (enthalten Gerbmittel) aufbewahren und eine längere Einwirkung von Sonnen- und Neonlicht vermeiden.

Ermächtigung zum Lastschrifteinzug
Ich ermächtige hiermit das umseitig genannte Unternehmen, den umseitig ausgewiesenen Rechnungsbetrag von meinem durch Konto-Nummer und Bankleitzahl bezeichneten Konto durch Lastschrift einzuziehen.

Ermächtigung zur Adressenweitergabe
Ich weise mein Kreditinstitut an, das durch die umseitig angegebene Bankleitzahl bezeichnet ist, bei Nichteinlösung oder bei Widerspruch gegen die Lastschrift dem Unternehmen oder einem von ihm beauftragten Dritten auf Aufforderung meinen Namen und meine Adresse mitzuteilen. In diesem Falle behält sich das Unternehmen vor, zu meinen Lasten seinen Anspruch gegen mich geltend zu machen. Verzug tritt gemäß § 286 III BGB bei Rücklastschriften ohne Mahnung ein.

Unterschrift (Betrag siehe Vorderseite)

Mayersche Live:

Lassen Sie Ihren Alltag hinter sich und erleben Sie Live-Veranstaltungen mit aktuellen Bestseller-Autoren hautnah.

Haltbarkeit des Kassenbons
Dieser Kassenbon ist im Thermo-Druck-Verfahren erstellt und verblasst im Laufe der Zeit. Um diesen Prozess nicht zu beschleunigen, bitte den Kassenbon nicht in Klarsichthüllen (enthalten Weichmacher) oder längerfristig in Leder-Brieftaschen (enthalten Gerbmittel) aufbewahren und eine längere Einwirkung von Sonnen- und Neonlicht vermeiden.

Ermächtigung zum Lastschrifteinzug
Ich ermächtige hiermit das umseitig genannte Unternehmen, den umseitig ausgewiesenen Rechnungsbetrag von meinem durch Konto-Nummer und Bankleitzahl bezeichneten Konto durch Lastschrift einzuziehen.

Ermächtigung zur Adressenweitergabe
Ich weise mein Kreditinstitut an, das durch die umseitig angegebene

```
Mayersche Buchhandlung KG
      Buchkremerstraße 1-7
         52062 Aachen
       Telefon: 0241 4777-0
         www.mayersche.de

      Vielen Dank für Ihren Einkauf!

                QUITTUNG

   ....... -15 14:34    Kasse: 12 EUR

   Artikel(N)    Preis  MwSt.     Summe

   Köydt/Gebrauchsanweisung für
   WdR 1005 978-3-492-27595-8
          1    14,99   7,00%      14,99
   Gadow/Winter im Sommer - Frühling im Her
   WdR 1001 978-3-570-55149-3
          1    14,99   7,00%      14,99


   TOTAL                          29,98
   Nettosumme: EUR 28,02
   GEGEBEN Bar                    50,00
   RÜCKGELD


       USt-Id-Nr.: DE811126776


   Bedient durch: Frau Klein
        Umtausch nur mit Kassenbon

              Ihr Kultkarte,
      die Kundenkarte der Mayerschen:
      Viele Rabatte und tolle Vorteile!
    Jetzt informieren unter mayersche.de
```

künftige Generationen gleichsam zum Goldstandard wurde. Die Ironie liegt darin, dass die Winter nicht einmal zu Dickens späteren Lebensjahren der Fiktion entsprachen. Der Knabe Dickens freilich erlebte mehrere strenge Winter hintereinander, die sich in der Erinnerung des Erwachsenen mehr und mehr verklärten.

Das führt uns zu einem Thema, das einen kleinen Exkurs notwendig macht: die Deutschen und das Wetter. Nach dem Volksglauben in Deutschland ist kein Geringerer als der heilige Petrus für das Wetter zuständig, aber es hat fast den Anschein, als ob er die Deutschen partout nicht leiden könne. Denn egal wie das Wetter ist, die Mehrheit des Volkes ist unzufrieden damit und wird darin von den Massenmedien kräftig unterstützt.

Beispiel Frühling. Spätestens seit dem Ende der letzten Eiszeit hat der April in Mitteleuropa die Eigenschaft, ein launischer, wechselhafter Monat zu sein. Doch falls das kühle Wetter bis in den Mai oder gar in den Juni hinein anhält, bricht in Deutschland Panik aus. »Der Sommer ist hin, natürlich, verregnet wird er sein, schöne Bescherung, und wir haben einen Urlaub an der Ostsee gebucht.« Deutschland wäre nicht Deutschland, wenn eine längere Kaltwetterperiode nicht alsbald grundsätzlich diskutiert würde: »Das ist die Klimakatastrophe, schon nächstes Jahr beginnt eine neue Eiszeit, zieht euch warm an, 1a Grundstücke in Florida günstig zu verkaufen.«

Entsprechend groß ist dann die Erleichterung, wenn Anfang Juni die Sonne sich durchsetzt und die Temperaturen auf normale Sommerwerte ansteigen. Aber die Freude währt nicht lange: Nach drei, vier Tagen Sommer geht ein Stöhnen durchs Land: »Mann, ist das eine Hitze, das hält ja kein Mensch aus, regnet es denn überhaupt nicht mehr? Ich sage euch: Das ist das Ozonloch, die Polkappen schmelzen, kauft Sonnenbrillen, 1a Grundstücke auf den Färöer-Inseln günstig zu erwerben.«

Solche Diskussionen finden zu jeder Jahreszeit und zwischendrin jeweils vor Wochenenden und Feiertagen statt. Auf den ersten Blick könnte man meinen, die Deutschen wollten – ordentlich, wie sie nun einmal sind – das richtige Wetter zum rechten Zeitpunkt bestimmen: Schnee zu Weihnachten, linde Frühlingslüfte zu Ostern, moderate Wärmegrade im Sommer beziehungsweise Sonnenschein an Wochenenden und Regen während der Arbeitswoche. Bei genauerer Betrachtung indes wird Ihnen auffallen, dass eigentlich jeder Einzelne sein privates Extraspezialwetter haben möchte, je nachdem, was er in seiner Freizeit vorhat.

Fest steht, die Deutschen klagen generell recht gern, so richtig zufrieden sind sie erst, wenn sie unzufrieden sind. Da es ihnen seit mehreren Jahrzehnten so gut geht wie nie zuvor in ihrer Geschichte und viel besser als all ihren Nachbarvölkern, haben sie die ideale Voraussetzung für Unzufriedenheit erreicht. Damit zollen sie jedenfalls ihrem Perfektionierungsdrang Tribut. Zugegeben, nicht alle Deutschen leben im Wohlstand, die Zahl jener, denen es alles andere als gut geht (und die nicht unzufrieden sind), nimmt zu. Außerdem lassen sich die Deutschen das Schicksal anderer Völker und Nationen zu Herzen gehen. Wenn es darum geht, den Opfern von Natur- oder Hungerkatastrophen Geld zu spenden, dann sind die Deutschen weltweit unübertroffen. Auch nach Russland haben sie Milliardensummen überwiesen – wenn in diesem Fall nicht zuletzt die Überlegung eine Rolle spielte, dass ein hungriger Bär einen gefährlicheren Nachbarn darstellt als ein satter.

Freilich: Ganz so satt sind die Russen noch nicht, und manchmal knurrt der Bär schon wieder recht vernehmlich. Wie auch immer: Bei Ihrem Aufenthalt in Deutschland dürften sie sich oft über die Unzufriedenheit Ihrer Gastgeber wundern. Seufzend werden Sie sich denken: Eure Sorgen möchte ich haben – und dem Rothschild sein Geld. Hegen dürfen Sie diesen Gedanken, aber sprechen Sie ihn lieber nicht laut aus.

Von Lach- und Schließmuskeln: Der deutsche Humor

Kennen Sie George Mikes? Nein? Schade, denn der gebürtige Ungar und gelernte Brite war eigentlich der Urahn aller *Gebrauchsanweisungen* für fremde und exotische Länder. Im Jahre 1946 erschien sein Büchlein *How to be an Alien*, ein »Handbuch für Anfänger und fortgeschrittene Schüler« zum Verständnis Großbritanniens. Sarkastisch, aber voller Sympathie schilderte er sein neues Heimatland, das damals allerdings noch viel schräger war als heute. Nur zum Thema Sex fiel ihm so wenig ein, dass dieses Kapitel aus einem Satz bestand: »Die Menschen auf dem Kontinent haben ein Sexualleben, die Engländer haben Wärmflaschen.«

Warum ich Ihnen das erzähle? Nicht von wegen Sex. Mit dem haben die Deutschen weniger Probleme. Auch nicht mit Wärmflaschen, und überhaupt bevorzugen sie elektrische Heizdecken. Nein, es geht um etwas anderes. Denn im Laufe unserer Erzählung über Deutschland und die Deutschen haben wir ein Thema erreicht, über das es im Grunde genommen auch nicht viel mehr zu berichten gibt als über das englische Liebesleben: den deutschen Humor. Gibt es den überhaupt? Britischen Humor, vor allem von der schwarzen Sorte, gewiss; französischen Esprit – *mais certainement*. Sogar Russen können sich zu Recht etwas auf ihren politischen Witz einbilden. Kein Wunder, ist er doch in Jahrhunderten politischer Unterdrückung herangereift.

Aber deutscher Humor? Ehrlich gesagt war ich versucht, es Altmeister Mikes gleichzutun und dieses Kapitel ebenfalls in einem Satz abzuhandeln: »Andere Völker besitzen einen Sinn für Humor, die Deutschen trainieren ernsthaft ihre Lachmuskeln.« In der Tat: In Deutschland lacht man gern und – wovon Sie sich schnell überzeugen können – vor allem laut. Dass dies kein neues Phänomen ist, belegt der Schriftsteller Roda Roda in einer Anekdote aus dem Vorkriegsdeutschland. Als er den Liftboy darum bittet, die vor seinem Fenster wiehernden Hengste wegzuführen, erhält er zur Antwort: »Verzeihen, das sind die beiden Herren Gutsbesitzer aus Mecklenburg. Sie lächeln.«

Jetzt werden Sie wahrscheinlich einwenden, dass dies doch ein recht hübsches Beispiel für Humor gewesen sei. Das mag schon sein, bedauerlicherweise aber war der Urheber der Geschichte, Roda Roda, ein Produkt Ostmitteleuropas, also jenes Seelenzustandes zwischen Weichsel und Wolga, Baltikum und Bukowina, der mit dem Zweiten Weltkrieg und dem Stalinismus unrettbar verloren ging. Deutsche Einsprengsel hatte Roda Roda nur sehr wenige, und daher ist er – leider – kein typischer Vertreter deutschen Humors.

Was ist nun deutscher Humor? Googelt man diese

beiden Wörter, dann erhält man unglaubliche sechs Millionen fünfhundertvierzigtausend Treffer. Noch unglaublicher: Unter ihnen befinden sich Umfragen, aus denen hervorgeht, dass eine überwältigende Mehrheit der Deutschen fest davon überzeugt ist, über einen köstlichen Sinn für Humor zu verfügen, der ganze Säle trübseliger Miesepeter zum schallenden Lachen bringen kann. Männer halten sich für die größeren Stimmungskanonen, dagegen glauben mehr Frauen, dass sie über die seltene Fähigkeit verfügen, über sich selbst lachen zu können. Es sollte übrigens zu denken geben, dass man einen solchen Alleinunterhalter auf Deutsch militaristisch als eine Stimmungskanone bezeichnet.

Ob sich dies auch in der Wirklichkeit so verhält, werden wir auf den nächsten Seiten untersuchen. Zweifel daran sind, wie gesagt, angebracht, und einen Hinweis auf die besondere ernste Art deutscher Heiterkeit gibt schon die Google-Liste. Ein recht großer Teil der Einträge beschäftigt sich nämlich mit einem Buch: Tausend Jahre deutscher Humor. In vier Bänden. Es soll keiner sagen, dass man nicht versuchen würde, ein irrlichterndes Phänomen wie den Humor gleichsam wissenschaftlich zu greifen, zu vermessen und zwischen mehrere Buchdeckel zu pressen.

Irgendwo in den höheren Hunderttausenden der Suchmaschine findet sich ein zwar schon älterer, aber dennoch recht erstaunlicher Hinweis, dass man deutschen Humor offensichtlich gut in Beton gießen kann. Dies meinte jedenfalls der spanische Generalkommissar der Weltausstellung in Sevilla beim Anblick des deutschen Pavillons. Er erkannte in dem Gebäude eine »Mischung aus Hightech und Humor«. Es wurde nie geklärt, was Señor Emilio Cassinello so spaßig fand – den durchsichtigen Netzvorhang vor der Fassade oder das elliptische Sonnendach. Wahrscheinlich war es das Karussell mit den übermannshohen Schelmenfiguren. Denn der Schelm kommt immerhin aus Deutschland: Till Eulenspiegel wurde in Mölln geboren und trieb seinen Schabernack in allen deutschen Landen. Nur, was widerfuhr ihm? Ganz recht, er wurde von seinen humorlosen Mitbürgern aufs Schafott gebracht. Ganz so gefährlich ist das Leben deutscher Schelme heute zwar nicht mehr; unter der Beschränktheit und Humorlosigkeit ihrer Umwelt haben sie indes noch immer zu leiden. Auf seinen dadaistischen Nonsensvers »Der Chines' spielt leicht ins Gelbe, von Chinas Hasen gilt dasselbe«, erhielt der Humorist Robert Gernhardt entrüstete Zuschriften: Er stelle »Menschen und Nagetiere auf eine Stufe«. Es entrüsteten sich, wie Gernhardt fein betonte, Deutsche, nicht Chinesen. Und auch der Tierschutzverband und Kaninchenzüchtervereine meldeten sich nicht zu Wort.

Zurück zu dem irre komischen Expo-Pavillon. Sie werden völlig zu Recht einwenden, dass es keine spaßige Architektur gibt und dass weder der Kölner Dom noch der Dresdner Zwinger auch nur das kleinste Lächeln auslösen. Deshalb noch einmal: Was ist deutscher Humor? Deutsche Freunde springen bei dieser Frage auf und holen – ich rede im Ernst – ein Lexikon aus dem Regal, um die dort angegebene Definition vorzulesen. Demnach, so erfahren wir, ist Humor ganz allgemein die Fähigkeit, trotz der Schattenseiten des Lebens das Lächeln und die gute Laune nicht zu verlieren. Das erklärt uns wenigstens die im deutschen Volksmund verbreitete Definition: Humor ist, wenn man trotzdem lacht. Also eine Art Lachen zum Trotz? Ein Hohnlachen womöglich?

Bei unserer Suche nach dem deutschen Humor hilft uns das nicht weiter, und Sie werden rasch erkennen, dass die Deutschen selbst ein Problem mit ihrem Humor haben. Weil sie ihr Humordefizit selbst recht schmerzlich zu empfinden scheinen, versuchen sie den Ursachen dieses Mangels gewohnt gründlich nachzuspüren. Das bisschen Leichtigkeit, so scheinen sie zu denken, schaffen wir auch noch, und wenn es uns noch so viel Anstrengung kosten sollte.

Beim Humor, heißt es oft verräterisch in Deutschland, hört der Spaß auf. Genauso ist es. Nirgendwo sonst wird mit derart professoralem Ernst über diesen Gegenstand gesprochen. Da werden doch tatsächlich tiefschürfende Seminare zu diesem Thema veranstaltet, wo Gelotologen (zu deutsch: Lachforscher) aus dem Ausland zu Hilfe gerufen werden, um über dieses »Volk ohne Witz« zu referieren. (Allemal besser als ein »Volk ohne Raum«.) Ein privater deutscher Fernsehsender finanzierte gar einmal ein Proseminar an der Freien Universität Berlin, bei dem Studenten in Theorie und Praxis des Witzereißens eingewiesen werden konnten. Die Verantwortlichen des Senders waren – welche Überraschung – darauf aufmerksam geworden, dass Comedy-Serien und Shows aus den Vereinigten Staaten und aus Großbritannien lustiger waren als deutsche Produktionen.

Abhilfe aber könnte man vermutlich nur dann bleibend schaffen, wenn die Deutschen anfingen englisch zu reden. Denn ihre eigene Sprache ist viel zu präzise – manche würden sagen: plattfüßig –, um mit ihr locker spielen zu können. Raum für Doppeldeutigkeiten gibt es kaum. Im Deutschen sagt man, was man meint und meint man, was man sagt. Unter diesen Umständen ist dieser Witz fast schon ein Geniestreich. »Ich habe solchen Hunger, ich könnte in eine Schiene beißen.« »Warte noch ein bisschen, da vorne kommt eine Weiche.«

Ich sollte vielleicht noch einmal betonen, dass ich nicht scherze – schließlich reden wir über deutschen Humor; es gibt wissenschaftliche Lach-Veranstaltungen, sie sind belegbar. Unter anderem ist bei diesen Gelegenheiten allen Ernstes die Rede davon, dass die Deutschen »als verspätete Nation identitätsgestört, halbherzig aufgeklärt und dabei im idealistischen Nirwana romantischer Utopiensehnsucht gefangen, weder Esprit noch den Hang zum Absurden haben«. Und als ob dies an Absurdität nicht zu übertreffen wäre, ist obendrein die Rede davon, dass die Deutschen bei ihren Heiterkeitsausbrüchen nicht über »voraufklärerisches Gefolgslachen« hinauskämen. Das haben wir uns beinahe gedacht.

Vielleicht hatte ein bekannter bayerischer Kabarettist diese Art von Seminar und die bierernste Beschäftigung mit den heiteren Dingen des Lebens im Sinn, als er meinte: »Die Deutschen haben wenig Humoristen hervorgebracht, dabei sind sie eines der komischsten Völker der Welt.« Ein Urteil, das Sie nach der bisherigen Lektüre vielleicht teilen können.

Übrigens gibt es gewichtige Vorbilder. Ich weiß zwar nicht, wie Sie als geläuterter Kommunist zu Philosophen wie Immanuel Kant und Georg Friedrich Hegel stehen. Mit Sicherheit werden Sie sie jedoch nicht komisch finden. Dennoch haben sich schon diese beiden deutschen Denker mit großem Tiefsinn dem Thema

Lachen gewidmet. Vom »Ur-Humanum« sprach Kant, einem »Affekt aus der plötzlichen Verwandlung einer gespannten Erwartung in nichts«, und Hegel definierte das Gelächter als Ergebnis des »Kontrasts des Wesentlichen mit der Erscheinung, des Zwecks mit dem Mittel«. Merkwürdigerweise sind von beiden Herren keine Bildnisse erhalten, die sie lächelnd, geschweige denn lachend zeigten.

Jetzt bin ich selber in ein humoristisches Proseminar deutschen Stils abgeglitten. Dabei sollen Sie doch aus diesen Zeilen in erster Linie praktische Tipps entnehmen – in diesem Falle: Woran erkenne ich, dass ein Deutscher scherzt? Meistens am Lachen, und dies ist, wie wir bereits erfahren haben, im Allgemeinen unüberhörbar und manchmal sogar ansteckend. Manchmal, aber nicht immer. Denn es kann geschehen, dass man über Sie lacht, zumal wenn Ihnen ein Missgeschick zustößt, über das Sie selbst überhaupt nicht lachen können.

Es muss nun einmal gesagt werden: Die Deutschen haben einen starken Hang zur Schadenfreude. Er ist derart ausgeprägt, dass einige Völker das deutsche Wort in ihre Sprachen entlehnt haben, weil sie selbst keinen Ausdruck dafür besitzen.

Wir wollen dieses Thema aber nicht vertiefen. Schließlich gibt es nicht nur ein russisches Wort, sondern auch ein russisches Talent zur Schadenfreude, die wir daher generell als eine der gesamten Menschheit eigene Schwäche betrachten wollen.

Das Problem liegt vielleicht in dem tiefsitzenden deutschen Charakterzug begründet, alles zu seiner Zeit tun zu wollen und zu müssen. Dienst ist Dienst, und

Schnaps ist Schnaps, sagt ja, wie wir schon gesehen haben, der Volksmund, und in diesem Zusammenhang steht der Alkohol für den Humor. Mit anderen Worten: Betrunken ist ein Deutscher leichter lustig. Und: Sie sollten einen Deutschen immer vorher warnen, wenn es komisch wird. Sie können das übrigens bei der Übersetzung von Titeln amerikanischer Filme verfolgen. Als Faustregel gilt: Wenn das Adjektiv »verrückt« oder »schrill« vorkommt, handelt es sich um eine Klamaukkomödie.

Der Deutsche verabscheut es, die Katze im Sack zu kaufen. Wenn Humor drin ist, soll auch Humor draufstehen. Schließlich weiß man sich zu benehmen und will wissen, wann man lachen darf und wann nicht. Vorsicht ist daher auch stets bei Ironie geboten. Sie können sie höchstens dann einsetzen, wenn Sie ringsum verbal große Hinweistafeln anbringen: Achtung, Obacht, Vorsicht, gefährliche Ironie. Allein: In diesem Fall wäre es freilich um die Ironie geschehen.

Es gibt gerade für Russen einen einfachen und sehr effektvollen Weg, einen Deutschen herzhaft zum Lachen zu bringen: Erzählen Sie ihm Tschuktschenwitze. Nein, nein, es ist nicht so, dass man in Deutschland den kleinen und in russischen Augen geistig angeblich beschränkten Volksstamm an der Beringstraße kennte; in Deutschland heißen die Tschuktschen nur anders: mal Ostfriesen (kurz Ossis), mal Österreicher (kurz Ösis), mal Ostdeutsche (kurz ebenfalls Ossis). In gewissen Fällen behilft man sich mit Mantafahrern und Blondinen. Es ist nur eine Frage der jeweiligen Witzewelle, welche Gruppe gerade als Trottel der Nation verspottet wird. Die Witze selbst ändern sich nie.

Sie können also nach Herzenslust und ohne falsches Schamgefühl im Fundus Ihrer bärtigsten Tschuktschenwitze kramen und diese zum Besten geben. Sie müssen nur das Wort Tschuktsche durch Ossi, Ossi, oder Ösi ersetzen, je nachdem, was gerade *de rigueur* ist. Der Erfolg ist Ihnen in jedem Fall sicher. Entweder war dem Zuhörer die Anekdote schon als Ostfriesenwitz geläufig – dann steigen Sie als intimer Kenner der deutschen Humorszene gewaltig in seiner Achtung. Oder Sie erzählen einen für deutsche Ohren völlig neuen Schwank im neuen Gewande – dann hält man Sie für einen humorvollen, witzigen Menschen, der das Ohr gleichermaßen am Mund des Volkes und am Puls der Zeit hat. Ein Beispiel? Bitte schön. Was macht ein Ossi-Polizist, der im Lotto gewonnen hat? Er kauft sich eine Kreuzung und macht sich selbstständig.

So richtig schön lachen kann der Deutsche aber auch, wenn es um seine oder anderer Menschen Ausscheidungen geht. Es ist mir ja sehr peinlich, über dieses Thema zu sprechen, aber ich habe mir nun mal vorgenommen, Sie so umfassend und rückhaltlos wie möglich über dieses Land zu informieren, und da darf ich diesen unappetitlichen Bereich nicht ausklammern. Die Deutschen scheinen nämlich eine tiefe Faszination für Fäkalien zu hegen.

Zur besseren Einstimmung beginne ich mit einem Beispiel, das nicht allzu schockierend für russische Ohren klingen dürfte, da es bei uns eine Entsprechung gibt. Denn Sie alle kennen die Antwort auf die scherzhaft gemeinte Frage, was denn das Leben sei: ein Kübel voller Scheiße – mit Henkeln aus Stacheldraht. Im Deutschen klingt die Antwort eigentlich viel niedlicher: Das

Leben ist wie ein Kinderhemd – kurz und beschissen. Darüber hinaus gibt es eine modernere Variante, die sich im Gefolge des Siegeszuges sanitärer Einrichtungen verbreitet hat: Das Leben ist eine Brille – man macht viel durch. Man könnte die deutsche Definition von Humor vielleicht prägnant so fassen: Lustig ist, was stinkt.

An irgendeinem Punkt ihrer Entwicklung muss die deutsche Psyche eine Abzweigung genommen haben, die sie meilenweit vom Seelenleben anderer Völker entfernt und mittenmang in die Scheiße geführt hat. Es muss sehr früh geschehen sein, wenn man Günter Grass in diesem Fall als Zeitzeugen gelten lassen will. In seinem Roman *Der Butt* ergeht er sich in Lobeshymnen für das kollektive Gruppenscheißen in der Jungsteinzeit. »Nach dem Hordenschiss plauderten und tratschten wir fröhlich und kollektiv erleichtert, wobei wir unsere Endprodukte zeigten, anschaulich rückbezügliche Vergleiche anstellten oder jene Hartleibigen neckten, die noch immer vergeblich hockten.«

Selbst Deutschlands unbestritten größtem Dichter, dem Olympier Goethe, waren deutsches Wesen, deutsche Art vertraut.

Generationen von Deutschen ist er überhaupt nur wegen einer einzigen Szene aus seinem frühen Drama *Götz von Berlichingen* bekannt geworden. Der tapfere Ritter Götz soll kapitulieren, doch seine Antwort lautet: »Sag deinem Hauptmann: Vor Ihro Kayserliche Majestät habe ich, wie immer, schuldigen Respekt. Er aber, sag's ihm, er kann mich im Arsche lecken.« Auch recht schlichte, der Literatur ansonsten entfremdete Geister wissen mit dem Schlüsselbegriff »Götz-Zitat« etwas anzufangen.

Kurzum: Witz und Fluch drehen sich in Deutschland sehr häufig um primäre Körperausscheidungen, so gut wie nie um den Sexualakt. Damit stehen sie weltweit so gut wie alleine dar. Oder könnten Sie sich die russische Ausgabe einer »vergnüglichen Kulturgeschichte immerwährender Notdurft« unter dem Titel *Von Donnerbalken, Nachtvasen und Kunstfurzen* vorstellen?

Diese Faszination für Exkremente treibt die eigenartigsten Blüten: In München gibt es ein eigenes Nachttopfmuseum, eine erfolgreiche Fernsehwerbung stellt singende Kloschüsseln in den Mittelpunkt, und in Berlin gab es ein Lokal, in dem die Gäste auf Toiletten saßen (zum Essen, nicht dort, wo es sich eigentlich gehört) und ihre Servietten von Klopapierrollen abwickelten. Die Speisekarte offerierte Leckereien wie »Rostbratwürstchen mit kaltem Kraut im Nachttopf«. Da kann nur demjenigen das Wasser im Munde zusammenlaufen, der Lach-, Kau- und Schließmuskel miteinander verwechselt.

Selbst der *Stern*, damals noch ein seriöses Magazin, widmete 1979 eine vierteilige (!) Serie der Geschichte des Klos. »Man kann sich nur schwer vorstellen«, schrieb der amerikanische Wissenschaftler Alan Dundes in einer bahnbrechenden Arbeit über das »Hintergründige in der deutschen Psyche«, »dass *Life* oder *Time* einen illustrierten Essay von vierzig Seiten über die Geschichte der Toilette bringen, mit ausführlicher Erörterung des Toilettenpapiers und Bildern antiker Nachttöpfe.«

Andere aufmerksame ausländische Beobachter haben mit einer Mischung aus ethnologischer Faszination und rein menschlicher Abscheu bei Deutschlandaufenthalten einen Zusammenhang zwischen dieser Art von

Fäkalhumor und landestypischen sanitären Einrichtungen festgestellt. Die Sache ist nämlich die, dass es einen grundlegenden Unterschied zwischen deutschen und ausländischen Kloschüsseln gibt. Der klassische deutsche Flachspüler (um ihn bei seinem offiziellen Namen zu nennen) präsentiert das Produkt der Sitzung wie auf einem Porzellanteller dem Produzenten zur gefälligen Inspektion, bevor es in den Orkus gespült wird. Beim immer mehr verbreiteten Tiefspüler wie bei Toiletten fremdländischer Provenienz verschwindet das Unsägliche unbesehen sofort in den wässrigen Tiefen.

Einmal im Jahr wird der Frohsinn jenseits aller Fäkalien in Deutschland generalstabsmäßig geplant und durchorganisiert. Das Unternehmen läuft unter dem Stichwort Karneval und ist im Rheinland zu seiner üppigsten Blüte gediehen. Den Begriff generalstabsmäßig habe ich mit Bedacht gewählt. Denn die Narren oder Jecken, wie sie sich in Köln, Düsseldorf oder Mainz selbst nennen, marschieren viel zu zackiger Musik, sie stecken junge Mädchen in Uniformen, auch salutiert wird nach Kräften, und verleihen einander Orden. Sollte Sie diese kurze Beschreibung – mit Ausnahme der jungen Mädchen – an die späte Breschnewzeit erinnern, so liegen Sie nicht ganz falsch. Doch diese Ära war in der Sowjetunion höchstens unfreiwillig komisch.

Wenn Sie als Diplomat nach Deutschland geschickt werden und den rheinischen Karneval erleben wollen, müssen Sie nun allerdings quer durchs Land reisen: Denn die Bundeshauptstadt ist nicht mehr das närrische Bonn, sondern Berlin, und an der Spree hält man sich zwar viel auf seinen trockenen Witz zugute (ob zu Recht oder nicht, soll an dieser Stelle lieber unerörtert bleiben), der klassische Karneval aber hat dort nie recht Fuß fassen können.

Diese Vorbehalte gehen wahrscheinlich auf keinen Geringeren als den preußischen König Friedrich Wilhelm III. zurück. Der vermutete im Karnevalstreiben seiner neuen rheinischen Untertanen – nicht ganz zu Unrecht – revolutionäre Umtriebe. Eine »anormalische und in Deutschland nicht übliche Volkslustbarkeit« nannte Seine Majestät den Karneval. In der Tat nutzten die Kölner in den Zwanziger- und Dreißigerjahren des vorletzten Jahrhunderts ihre Narrenfreiheit weidlich, um die harten preußischen Zensurbestimmungen zu umgehen und soziale und politische Missstände anzuprangern.

In jener Zeit wurde der Karneval erstmals wiederbelebt, der ursprünglich auf den Grafen Adolph von Kleve zurückgehen soll. Der begründete am 11. November 1391 den Narrenorden von Kleve, besiegelte die entsprechende Urkunde an elfter Stelle und schrieb fest, dass sich die Mitglieder alljährlich zu einem elftägigen feuchtfröhlichen Mummenschanz versammeln sollten. Seitdem gilt der 11.11. als offizieller Beginn der Karnevalssaison, die allerdings erst nach der Jahreswende, vor Beginn der Fastenzeit, ihrem deliriösen Höhepunkt zustrebt.

Erwarten Sie aber lieber nicht zu viel, auch wenn ich Ihnen nun noch sage, dass die Zahl elf im Mittelalter die Zahl der Maßlosigkeit war: Die Zehn stand für alles mit Händen Greifbare und natürlich für die Zehn Gebote, die Elf sprengte dieses Maß. Aber das Mittelalter ist lange vorbei, und seitdem haben sogar die Rheinländer viel von ihrer animalischen Wildheit verloren. Viel Ausgelassenheit kann man allein schon deshalb nicht erwarten, weil die Jecken in Vereinen organisiert sind. Bundesweit sind es mehr als 3000 Narrenklubs, in denen ebenso bierernst und eisig scharf um Posten und Positionen geschachert wird wie in einer politischen Partei. Wir wissen, dass es unter diesen Umständen nicht viel zu lachen gibt.

Heute ist der Gipfel der Ausgelassenheit erreicht, wenn kostümierte Menschen durch die Straßen ziehen und die Passanten von kunstvoll geschmückten Wagen aus mit Bonbons bewerfen. Vielleicht verschlägt es Sie ja einmal in eine Prunksitzung. Dabei handelt es sich gewissermaßen um das Plenum des Zentralkomitees der jeweiligen Karnevalsgesellschaft. Vorne auf dem Podium sitzen die Mitglieder des Politbüros, hier Elferrat genannt. Immer wieder treten Redner auf, deren Vorträge an vorher genau abgestimmten Stellen von Beifall unterbrochen werden. Sie können überhaupt nichts falsch machen: Applaudieren Sie zusammen mit den anderen.

Den einen oder anderen Unterschied gibt es freilich zwischen einem ZK-Plenum und einer Prunksitzung. In jedem Fall müssen Sie auf letzterer lachen, auch wenn Ihnen nicht danach zumute ist. Beim Plenum war es umgekehrt: Da durften Sie nicht lachen, auch wenn … Lassen wir das. Noch einen zweiten Unterschied gibt es: Wenn man Sie auf der Karnevalsveranstaltung von links und rechts unterhakt – keine Panik! Niemand will Sie abführen. Sie werden lediglich im Takt der Musik nach links und rechts gewiegt. Schunkeln nennt sich dieser Vorgang, und er ist dem Deutschen, was dem Tibeter das Mantra: ein Weg ins Nirwana.

Machen Sie einfach mit, und denken Sie bei allem, was Ihnen in Deutschland widerfährt, immer nur an eines: Humor ist, wenn man trotzdem lacht. Wenn das nicht hilft, dann gibt es noch einen zweiten klugen Spruch: Wer zuletzt lacht, lacht am besten.

Epilog:
Alle Spiegel lügen

Wir sind am Ende unserer Rundreise angelangt, die uns durch deutsche Lande, deutsche Befindlichkeiten, und durch die deutsche Seele geführt hat. Letztere, so viel wenigstens ist gewiss, scheint doch nicht so dünn zu sein, wie der russische Volksmund dies glaubt. Vor allem ist sie alles andere als seicht. Sie kann, im Gegenteil, ganz schön abgründig tief sein.

Ich weiß nicht, ob Sie jetzt noch mehr verwirrt sind von den Deutschen als vor der Lektüre dieses Buches oder ob Sie das Gefühl haben, dieses seltsame Volk ein wenig besser zu verstehen. Eine Gebrauchsanweisung soll es sein, mithin eine praktische Hilfestellung zum Betrieb einer komplizierten Apparatur. Aber auch im technischen Alltag ist nicht jede Gebrauchsanweisung wirklich hilfreich. Ich hoffe jedenfalls, dass Sie nicht ebenso ratlos sind wie nach dem Studium einer Bedienungsanleitung für Ihr neues Handy, die per Google-Translation aus dem Koreanischen übersetzt wurde.

Und wie war der fremde Blick auf sich selbst für die deutschen Leser? Haben Sie sich wiedererkannt? Oder war es eher ein Blick in einen Zerrspiegel, wie man sie auf Jahrmärkten findet? Manche sind ja schmeichelhaft und straffen die schlaffe Figur. Andere freilich akzentuieren und verstärken all das, was man ohnehin an sich selbst nicht mag. Sind Sie nach der Lektüre nun empört, erheitert oder verstört? Oder empfanden Sie es eher wie einen Blick in einen Rasierspiegel, der jede Pore, jede Falte erbarmungslos vergrößert?

Spiegel freilich bilden nicht die Wahrheit ab. Sie liegt, ähnlich wie die Schönheit, im Auge des Betrachters. Oder weshalb, glauben Sie, gibt es ziemlich viele Menschen, die sich für unwiderstehlich halten, wo sie doch – jedenfalls Ihrer bescheidenen Meinung nach – ein Blick in den Spiegel leicht vom Gegenteil überzeugen könnte. Nein, eine verbindliche Wahrheit gibt es nicht, sondern so viele, wie es Meinungen gibt.

Eines freilich dürfte auf den vorangegangenen Seiten klar geworden sein: Die Deutschen kann man nicht als ein Volk fideler Luftikusse bezeichnen, die beständig frohe Liedchen trällern und den Herrgott einen guten Mann sein lassen. In der Fabel von der Ameise und der Grille besetzt der Deutsche eindeutig die Rolle der fleißigen und vorsorgenden Ameise. Man könnte fast meinen, dass Monsieur Lafontaine die Deutschen zum Vorbild genommen hätte: Denn so wie die Ameise die leichtlebige Grille vorwurfsvoll oberlehrerhaft zurechtweist, das ist schon ziemlich typisch deutsch. Deutsche maulen und meckern gerne, und sie sind nur dann glücklich, wenn sie sich Sorgen machen können. Für sie ist jedes Glas halb leer – selbst dann, wenn nur einmal kurz davon genippt wurde. Man weiß ja nie, was kommt – das scheint eine Grundregel deutscher Lebensweisheit zu sein. An die traumatischen Erfahrungen, die man während der beiden Weltkriege machte, erinnern heute zwar nur noch die Älteren. Aber mitunter hört man selbst Teens und Mitzwanziger seufzen, wie schrecklich die Hyperinflation der Zwanzigerjahre gewesen sei, und wie dieses Erlebnis gleichsam die genetische Grundstruktur eines ganzen Volkes verändert habe, sodass es heute auf jeden Pfennig achtet, selbst wenn er nicht mehr so heißt, sondern Cent.

Und wenn die DNS auch womöglich die gleiche geblieben ist, so wurde die gesellschaftliche Grundstruktur doch dahingehend verändert, dass das soziale Netz immerhin stark genug ist, um einen Absturz ins Bodenlose aufzufangen. Selbst unangenehme Sparmaßnahmen maskiert man hierzulande mit anscheinend unverfänglichen Namen. Hartz IV beispielsweise ist nicht, wie man annehmen könnte, der vierthöchste Gipfel eines legasthenisch buchstabierten deutschen Mittelgebirges, sondern der Minimalsatz an Arbeitslosenhilfe – benannt nach seinem Erfinder. Und die Riester-Rente weist nicht auf einen Sportklub hin, wo Pensionäre an Reck, Barren und einem neuartigen Gerät namens Riester trainieren können, sondern auf eine Senkung der Renten durch einen gewissen Minister Riester. Nun ja, besser als überhaupt keinen Eindruck in der Nachwelt zu hinterlassen.

Sparsam sind sie, die Deutschen, aber nicht geizig, wie der Vergleich mit der hilfsbereiten Ameise zeigt. Solange man ihnen die Chance gibt, anderen zu zeigen, dass sie vieles (na gut, alles) besser wissen, sind sie gerne zum Teilen bereit. Denn auch wenn dies oft unter einer ruppig-muffigen Oberfläche verborgen ist – die Deutschen sind letzten Endes fürchterlich harmoniesüchtig. Nicht, dass sie nicht stritten. Aber nachtragend sind sie eher selten. Ein Zwist, der vor sich hin eitert, lässt sie nicht ruhig schlafen.

Ein englischer Freund wies mich in diesem Zusammenhang einmal auf einen Kerngegensatz zwischen beiden Nationen hin. Unter der gentlemanhaften, höflichen Oberfläche der Briten, so gab er zu, brodele glühend heiße Lava von Aggressivität, die bei der geringsten Provokation eruptieren könne. Und wenn ein Brite gereizt sei, so mein Gewährsmann, dann würde er nicht lange fackeln und seine geballte rechte Faust dem Gegenüber stracks ins Gesicht rammen. Deutsche hingegen, die handgreiflich würden, neigten eher zu einem Ringkampf. Memmen, urteilte der Engländer voller Verachtung. Und spöttisch hatte er hinzugefügt, dass er keinen großen Unterschied zwischen Ringen und einer missglückten Umarmung erkennen könne.

Mit der Faust kämpfen die Deutschen noch immer nicht. Aber dafür sind sie lockerer und selbstsicherer geworden. Noch nicht einmal eine echte Krise wirft sie so leicht wie früher aus der Bahn. Heute würden sie, wie die *Süddeutsche Zeitung* es einmal formulierte, »Krisen jedweder Art, zu denen früher ein 3. Platz bei Fußballweltmeisterschaften gezählt hätte, nicht mehr als Gemeinheit dunkler Mächte bejammern, sondern als nacktes Ergebnis akzeptieren und sich dennoch nicht die Lebensfreude verderben lassen«.

Wie hart im Nehmen dieses Volk geworden sei, welche »Coolness in Krisen« es mittlerweile an den Tag lege, machte der Autor unter anderem an folgenden Beobachtungen fest. »Wenn ab zehn Grad Außentemperatur, wo im März nicht einmal Bauern ihre Rösslein anspannen, Hanseaten ihre Cabrios aus der Garage holen. Münchner sitzen dann schon im Biergarten, kriegen aber ansonsten, reich und gemütlich, ihre Krise, wenn der Vertrag des Chefdirigenten der Philharmoniker nicht verlängert wird oder Oliver Kahn sich doch scheiden lässt. Berliner sind spontan beleidigt, wenn vergessen wird, dass sie in einer permanenten Krise leben, während die anderen nur ab und zu eine haben.«

Vor allem aber scheinen sich die Deutschen aus dem mottenkugeligen provinziellen Mief befreit zu haben, in dem sie sich den größten Teil ihrer Geschichte befanden. Als andere Nationen wie Kolosse die Welt beschritten zwischen Potosi und Pondicherry, Potomac und Pernambuco, da endete der Horizont der meisten Deutschen in der nächstgelegenen Haupt- und Residenzstadt. Das konnte Durlach sein, oder Ansbach. Auf alle Fälle lag dieser Ort im Windschatten des Dufts der großen, weiten Welt. Apropos: Es ist kein Zufall, dass die kleinbürgerlich spießigen Deutschen der Fünfziger- und Sechzigerjahre mit Vorliebe Peter-Stuyvesant-Zigaretten rauchten, die mit eben jenem Duft der großen, weiten Welt für sich warben.

Heute haben sich die Deutschen nicht nur mehrheitlich das Rauchen abgewöhnt; heute bereisen sie die Welt selbstverständlich, selbstbewusst und selbstsicher wie andere Europäer. Heute werden sie nicht mehr nur wegen der technischen Ausgereiftheit ihres Maschinenbaus und ihrer Mittelfeldspieler geschätzt, sondern für intelligente Innovationen im IT-Bereich.

Bis an den Tisch der mächtigsten Mächte der Welt haben sie es mittlerweile geschafft, und am überraschendsten dabei ist, dass sie sich ganz entspannt mit einem inoffiziellen Status als gleichsam permanentem Mitglied des Weltsicherheitsrates zufrieden geben anstatt kleinlich auf eine förmliche Aufnahme zu pochen. »Cool with me, no prob«, wie man heute es vermutlich ausdrücken würde. Und zum ersten Mal seit den napoleonischen Kriegen kämpfen deutsche Soldaten – vom Kosovo bis Kandahar – mit anderen demokratischen Staaten und nicht mehr gegen sie.

Bei alldem haben sie sich jene positiven Eigenschaften bewahrt, für die sie nicht zuletzt Russen mit ihrem Hang zum Chaos bewundern: Sparsamkeit, Ordnung, Genauigkeit, Fleiß und Organisationstalent. Zum ersten Mal in seiner Geschichte scheint Deutschland seinen ewigen Minderwertigkeitskomplex überwunden zu haben, der die Wurzel, die Quelle war für all die so häufig katastrophalen Irrwege, welche dieses Land einschlug. Man weiß, was man kann, und schämt sich nicht mehr, wenn andere anderes besser beherrschen.

Natürlich liegt Deutschland noch immer dort, wo es schon immer lag: dick und rund mitten auf dem Kontinent. Weniger denn je kommt man an ihm vorbei, es liegt stets auf dem Weg. Daher bleibt es nicht aus, dass man noch immer ab und zu über dieses Land stolpert. Aber ein Stein des Anstoßes ist es nicht mehr, eher ein Hub, wie Fluggesellschaften dies nennen: eine Art von Nabe, an der man andocken kann. Diesmal freilich scharen sich die Nachbarn aus freien Stücken um dieses neue Deutschland. Und das ist etwas, auf das man wirklich stolz sein kann.

Bereits erschienen:
Gebrauchsanweisung für...

Amerika
von Paul Watzlawick

Amsterdam
von Siggi Weidemann

Barcelona
von Merten Worthmann

Bayern
von Bruno Jonas

Berlin
von Jakob Hein

die Bretagne
von Jochen Schmidt

Brüssel und Flandern
von Siggi Weidemann

Budapest und Ungarn
von Viktor Iro

China
von Kai Strittmatter

Deutschland
von Wolfgang Koydl

Dresden
von Christine von Brühl

Düsseldorf
von Harald Hordych

die Eifel
von Jacques Berndorf

das Elsaß
von Rainer Stephan

England
von Heinz Ohff

Finnland
von Roman Schatz

Frankfurt am Main
von Constanze Kleis

Frankreich
von Johannes Willms

Freiburg und
den Schwarzwald
von Jens Schäfer

den Gardasee
von Rainer Stephan

Genua und
die Italienische Riviera
von Dorette Deutsch

Griechenland
von Martin Pristl

Hamburg
von Stefan Beuse

Indien
von Ilija Trojanow

Irland
von Ralf Sotscheck

Istanbul
von Kai Strittmatter

Italien
von Henning Klüver

Japan
von Andreas Neuenkirchen

Kalifornien
von Heinrich Wefing

Katalonien
von Michael Ebmeyer

Kathmandu und Nepal
**von Christian Kracht
und Eckhart Nickel**

Köln
von Reinhold Neven Du Mont

Leipzig
von Bernd-Lutz Lange

London
von Ronald Reng

Mallorca
von Wolfram Bickerich

Mecklenburg-Vorpommern und die Ostseebäder
von Ariane Grundies

Moskau
von Matthias Schepp

München
von Thomas Grasberger

Neapel und die Amalfi-Küste
von Maria Carmen Morese

New York
von Verena Lueken

Niederbayern
von Teja Fiedler

Nizza und die Côte d'Azur
von Jens Rosteck

Norwegen
von Ebba D. Drolshagen

Österreich
von Heinrich Steinfest

Paris
von Edmund White

Peking und Shanghai
von Adrian Geiges

Polen
von Radek Knapp

Portugal
von Eckhart Nickel

Rom
von Birgit Schönau

das Ruhrgebiet
von Peter Erik Hillenbach

Salzburg und
das Salzburger Land
von Adrian Seidelbast

Schottland
von Heinz Ohff

Schwaben
von Anton Hunger

Schweden
von Antje Rávic Strubel

die Schweiz
von Thomas Küng

Sizilien
von Constanze Neumann

Spanien
von Paul Ingendaay

Südafrika
von Elke Naters und Sven Lager

Südfrankreich
von Birgit Vanderbeke

Südtirol
von Reinhold Messner

Tibet
von Uli Franz

die Toskana
von Barbara Bronnen

Tschechien und Prag
von Jiří Gruša

die Türkei
von Iris Alanyali

Umbrien
von Patricia Clough

die USA
von Adriano Sack

den Vatikan
von Rainer Stephan

Venedig mit Palladio und
den Brenta-Villen
von Dorette Deutsch

Wien
von Monika Czernin

PIPER

Ariane Grundies
Gebrauchsanweisung für
Mecklenburg-Vorpommern
und die Ostseebäder

208 Seiten. Gebunden

Schon während ihrer Kindheit wollte Ariane Grundies auf Hiddensee leben, in einem der weiß leuchtenden Reetdachhäuser – am liebsten als Sanddornpflückerin oder Bernsteinjägerin. Und bis heute sehnt sie sich zurück. Nach Mecklenburg-Vorpommerns sprödem Charme und nach Ostsee satt. Nach Herrenhäusern und Schlössern, nach Schwerin und Wismar mit ihren prachtvollen gotischen Backsteinbauten. Nach Kranichen, die über leuchtend gelbe Rapsfelder fliegen. Nach uralten Kastanienalleen, Plaudereien auf Plattdeutsch und den jährlich stattfindenden Saunameisterschaften. Nach Bratheringen und der Ruhe beim Angeln. Und nach dem Wind auf Rügen, der über den Pommesstand beim Kreidefelsen weht.

01/1852/01/R

PIPER

Peter Erik Hillenbach
*Gebrauchsanweisung
für das Ruhrgebiet*

208 Seiten. Gebunden

Fünf Millionen Einwohner und täglich Stau auf dem Ruhrschnellweg – doch der Ruhrpott ist viel mehr: Heimatstolz mit großer Klappe, urbanes Bermudadreieck mit Herz. Grüne Halden und Industrieromantik, moderner IT-Standort und idyllische Ruhe an der Ruhr. Sonnenbad im Duisburger Innenhafen, Weltkunst im Gasometer Oberhausen, Bochum-ich-komm-aus-dir, »Essen … verwöhnt« und Dortmunder Herbst in der Westfalenhalle. Die Heimat von Schalke und BVB, Currywurst und Pommesschranke, Helge Schneider, Tegtmeier und Frank Goosen. Lässig, aber verlässlich. Bodenständig und doch grenzenlos mobil. Ein starkes Stück Deutschland.

01/1853/01/L

PIPER

Jens Schäfer
Gebrauchsanweisung für Freiburg und den Schwarzwald

224 Seiten mit 1 Karte. Gebunden

Tiefe Wälder, sanfte Hügel, verwunschene Wasserfälle: Der Schwarzwald ist einer der großen Sehnsuchtsorte, nicht nur der Deutschen. Und das, obwohl niemand so genau weiß, wo er beginnt und ob zum Beispiel Karlsruhe noch dazugehört. Sicher jedenfalls ist er die Heimat der Kuckucksuhren und der fast schon mythischen Bollenhüte. In seinem Herzen liegt das ebenso schöne wie eigensinnige Freiburg: Unistadt, Grünen-Hochburg, kulturelles Zentrum, überragt vom Münster und seinem »schönsten Turm der Christenheit«. Mit einem Augenzwinkern erzählt Jens Schäfer, wo Sie besser Grumbeere und Schleck sagen, wenn Sie Kartoffeln und Marmelade möchten, und auf welchem Kirchweihfest es noch einen echten Hammel zu gewinnen gibt.

01/1851/01/R

PIPER

Jacques Berndorf
Gebrauchsanweisung für die Eifel

240 Seiten. Gebunden

»Eifel-Kreuz«, »Eifel-Blues«, »Eifel-Schnee«, »Mond über der Eifel«: in seinen Büchern mit Millionenauflage macht er die Eifel zum Tatort für Verbrecher. Jetzt stellt Jacques Berndorf uns die stille Schönheit im Westen mit seinen ganz persönlichen Lieblingsplätzen vor. Er nimmt uns mit in das uralte Bauernland mit Mittelgebirge und Torflandschaften, in Nationalparks, auf mittelalterliche Festungen und auf die Deutsche Vulkanstraße. In die älteste Stadt Deutschlands, nach Trier, nach Koblenz, Bad Münstereifel, Prüm, zu den Ordensbrüdern von Maria Laach und zum Eifel-Literaturfestival. In die Heimat von Bitburger, Apollinaris und Rucola, von Mario Adorf, Balthasar König – und vielleicht auch Karl dem Großen? Er führt uns zu den Maaren, diesen »Augen der Eifel«: Der Überlieferung nach sind sie Tränen, die Gott anlässlich der Schönheit der Schöpfung der Eifel weinte. Er zeigt uns eine Idylle mit Abgründen, eine Region mit Kultstatus, eine mystische Welt für sich.